スタンフォードが中高生に
教えていること

星 友啓

SB新書
528

はじめに　世界で話題沸騰中！　スタンフォード大学にある日本人校長のオンライン学校

■教育の常識はミライの教育の非常識!?

私はスタンフォード大学・オンラインハイスクールで校長をしています。

その名の通り、スタンフォード大学の一部でありながら「中高一貫」のオンライン学校で、全米および世界各国から、中学1年から高校3年までの生徒が在籍しています。

オンラインにもかかわらず全米トップ校として知られるこの学校で、世界中から集まった才能は、何を、どのようにして学んでいるのか。

最先端の教育の現場を通して、ミライの教育の風景を眺めていきましょう。

そうする中で、**これまでの学習習慣に関する「恐ろしい8つの常識」と、今後取り入れていくべき「8つの正解TIPS」を詳しくお伝えしていきます。**

以下の問いに興味がある方は本書を読み進めていただけると幸いです。


「今世界の最先端教育現場で何が行われているのか？」

「アメリカのトップ校で行われている教育とはどんなものか？」

「最新科学が出した効率的な学習法の正解とは何か？」

「子どもの才能を伸ばすにはどうしたらよいか？」

「現在の教育トレンドは何か？　教育のミライはどうなるのか？」


教育者だけでなく、子育て中の方々、また、学生の皆さんまで。

本書を読み進めていただければ、これらの問いの答えが見つかり、教え方、子育て、自分の学習方法に大きな差がつくはずです。


例えば、以下は、誰もがやっている、ごく自然な教育や学習の常識のリストです。

×成果や能力を**ほめる**

×手取り足取り**丁寧**に教える
×**評判**の教材や勉強法で学ばせる
×**得意**な学習スタイルで学ばせる
×**ストレス**をさける
×**テスト**で子どもの理解度や能力を測る
×同じ問題を**反復練習**させる
×勉強は静かに**1人**でやらせる

しかし、最新の科学はこれらはどれも見直すべきだと答えを出しました。

こうした常識にしたがっていると、子どもの向上心ややる気を削いでしまったり、記憶力や思考力が下がったり、得られるはずの学習効果が得られなくなってしまうのです。

これまでの教育の常識は、ミライの教育の非常識。

本書を読んでミライ型の学習にシフトしていきましょう！

■オンラインなのに全米トップの進学校

シリコンバレーのベイエリア。Apple、Google、Facebook、その他にも多くの有名IT企業の本拠地が軒を連ねています。

そのベイエリアの真ん中にあるスタンフォード大学で、**最先端の教育とテクノロジー**と取っ組み合いながら、世界各国の才能あふれる子どもたちの学びをサポートするのが私の仕事です。

スタンフォード大学・オンラインハイスクールは設立15年ほどの学校ですが、2020年3月には、ニューズウィーク「STEM教育に力を入れる高校ランキング2020」で全米3位に選ばれました。

また、Nicheというアメリカで大注目の学校ランキングでは、この5年全米トップ10の常連。2020年にはアメリカの進学校（College Prep Schools）で1位に輝きました。

その他のメジャーな学校ランキングでも全米トップ校として選出されていますが、上

位に伝統校がひしめく中、まだまだ「若輩者」の学校が、オンラインであるにもかかわらず、全米のトップ校として認知されるようになったのはありがたいことです。

そうした高評価には、もちろん、卒業生たちの頑張りが大きく影響しています。スタンフォードはもちろん、ハーバード、プリンストンなどの Ivy League の名門大学への合格実績は米国トップレベルです。大学卒業後、研究者や起業家の道を志す卒業生も数多くいます。

■子どもの「生き抜く力」を育むミライ型の教育

振り返れば、スタンフォード大学・オンラインハイスクールが今のような評価を得るようになるまでの道のりは、決して楽なものではありませんでした。

２０００年代から、大学や社会人教育を中心に、オンライン教育が爆発的な広がりを見せましたが、すぐに修了率の低さが問題視されるようになります。

さらに、オンラインでは社会性や感情の学習をサポートすることができないとして、オンライン教育の中高生向けの応用に懐疑的な視線が向けられます。

そうした状況で高校創立当初から、かなりの強い逆風に煽られながら、学校づくりをしていかねばなりませんでした。

しかし、私自身、その逆風はオンライン教育の問題の本質をついていると感じていました。それゆえ、回避すべきものではないと考え、真正面からぶつかっていく選択をしたのです。

これまでのやり方を踏襲しながら小手先だけでうまくやり、「学校っぽい」雰囲気のオンラインプログラムを作っても、世に認められることはないだろう。

それならば、従来の学校よりも学校らしいオンライン学校を作ろう。それにはどうするか？

オンライン教育そのものの常識はもちろん、それまでの教育の伝統にもメスをいれるような大改革が必要だと考えました。

そのためスタンフォード大学・オンラインハイスクールの学校づくりの軌跡は既存の

やり方への挑戦の連続となったのです。

まずは何より先に、最重要プライオリティーに、子どもたちが社会で「生き抜く力」を育むことを目標に設定しました。

その上で、生徒たちが豊かな関係性の中で学んでいけるように、オンラインでのコミュニティーづくりを学校デザインの中心に据えます。

さらに、社会性と感情の学習（Social and Emotional Learning）や、体も心も含めた多面的な視点で健康や幸せを見つめ直す「ウェルネス」のプログラムを導入していきました。

そうした学校づくりを進めていく上で、「講義ベースの授業」「学年」「カリキュラム」「時間割」「放課後」「テスト」「順位付け・偏差値」など、これまであった「学校の定番」といえるような仕組みも、必要なかぎりどんどん見直していったのです。

ごくありふれた学校の風景をガラッと変えることを躊躇《ちゅうちょ》せずにやってきたのです。

■哲学が今だから必要な理由

さらに、卒業必修科目に「哲学」を設定したことも、子どもたちがこれからの世界を

「生き抜く力」を育む教育と深く関連しています。

中等教育でさまざまな分野の知識に触れていこうとする子どもたち。その中で既存の知識や枠組みに適応することはいうまでもなく重要なことです。

しかし、予測不能で急速な変化をとげる社会の中で必要な「生き抜く力」の鍵は、現在行われているゲームを上手にプレーする力だけではありません。

次々に生まれる新しいゲームに適応できる力。さらには、新たなゲームを自分自身で作り出す「ゲームチェンジの力」が大切なのです。

それでは、その「ゲームチェンジの力」を磨くにはどうしたら良いのか?

私たちの出した答えは、ズバリ、「哲学」です。

哲学の本質は既存の常識やものの見方の枠組みを改めて問い直し、そこから新たな考えや価値を生み出す心の営み。まさに「ゲームチェンジの力」の源なのです。

今の時代を生きる子どもたち、とりわけ中高生は、そうした心の習慣をしっかりと身につけていく必要があります。

こうした考えに基づいて、スタンフォード大学・オンラインハイスクールでは、どの

生徒も毎年通年の哲学コースを修めないと卒業できない仕組みをつくりました。

これは、先ほど紹介した「ＳＴＥＭ教育全米3位」という評価と不釣り合いに思えるかもしれません。しかし、卒業必修の哲学プログラムこそ、スタンフォード大学・オンラインハイスクールが求めてきたミライ型の教育の中心部です。

理系や文系といった一定の区分けに収まらず分野横断的な精神を養いながら、子どもの社会を「生き抜く力」を育む。豊かなリベラルアーツ教育を実現するために、哲学を軸にしてさまざまな分野を見渡せるようなカリキュラムを発展させてきました。

おかげさまで、この哲学必修は生徒や保護者から非常に評価が高く、アメリカ国内でも注目をいただいてきました。

「科学者の道を選んだが、高校での哲学が科学者としての成功の鍵だった」

そんな嬉しい声も卒業生からしばしば聞かれるようになりました。

■〝教えることアレルギーの論理学者〟だからできたこと

さて、私がなぜスタンフォード大学・オンラインハイスクールのスタートアップに加わって、これまでの教育の定番を取っ払う大胆な学校づくりをしてきたのか。

それには私が**「教えることアレルギー」**だったことがディープに関係しています。

学校のスタートアップ計画が始まった当初、私は、スタンフォード大学哲学部の博士課程にいました。すでに博士論文を書き終えて、博士課程最後の年をどのように過ごそうかと考えていた時です。

そんな中、大学院の友人の紹介でスタンフォード大学・オンラインハイスクールの立ち上げに関わることになりました。

しかし、これは自分のキャラクターから、かなり外れた行動でした。

当時の私は、すでにスタンフォード大学で大学生や大学院生に論理学を講義していましたが、教えることに結構な苦手意識を感じていたのです。

スタンフォードの学生たちは、誰が教えるかに関係なく、自分でどんどん学んでいけるので、自分が教えることの意義が感じられない。

そのくせ、自分が教えようとすることがすぐに理解されない場合には、イライラして生徒の理解の悪さを嘆く。

その頃の私は、教えることに価値を見いだせず、自己矛盾と戦っていたのです。

ましてや、中高生を教えるとなれば話は別次元。「大人」に礼儀正しく振る舞う大学生たちの授業では起こり得ないような問題が起きないか？

しかし、実際に教え始めると、そんな心配は一切無用だったのです。

昨日までは哲学に触れたこともなかった生徒たちが、あっという間に頼もしく哲学討論をしている。私でも生徒の知的成長に貢献できたのではないか。

高校生の劇的な変化。「アレルギー」どころか、教えることに情熱さえ感じ始めていたのです。

気がつけば、翌年には、すでに決まっていたオランダの大学での研究職を放り投げて、オンラインハイスクールの教員として高校のスタートアップに全力投球することになっていました。

さて、その後私が教育のキャリアを進んでいく中でもっとも貴重な宝となったのは、その「教えることアレルギー」だったのではないかと考えています。

世の中には生まれながらに教育が天職であるような素晴らしい先生方がいます。そういう人たちが持っている自然な直感が、残念ながら私にはありませんでした。

そのため、当たり前の教え方でも、意識的にじっくりと分析し、考え、練習していかなければいけなかったのです。

これまでの教育の方法を自明なものと見なさず、自分なりの仮説を立てて、いろいろと試行錯誤を重ねていきました。

まさに自分の中で「哲学の力」と「教えることアレルギー」がうまく融合してくれた結果、これまでの教育の常識を見直しながら、新しいミライの教育に向かっていくエネルギーを持つことができたのです。


スタンフォードが中高生に教えていること。

これまでの常識が急速に塗り替えられています。教育も例外ではありません。

本書では、最新科学が答えを出した効果絶大の学習法や、世界の最新教育トレンドをご紹介していきます。具体例として、スタンフォード大学・オンラインハイスクールの

教育プログラムや学校改革も一挙公開です。
世界の教育トレンドの最前線から、教育のミライを展望していきましょう！

まずは、これまでの教育の常識を最新科学で一刀両断です。
当たり前の教育の常識がとっても危険なのは一体なぜでしょうか？
「序章」（25ページ）からお読みください。

スタンフォードが中高生に教えていること■目次

第1章

学校の定番をとっぱらう

第2章

なぜオンライン学校が全米トップになれたのか?

第3章
スタンフォード大学で実現した「生き抜く力」の育て方

第4章

子どもの才能の伸ばし方――8つの正解TIPS

第5章

世界の教育メジャートレンド

第6章 教育のミライ

企画協力——長倉顕太

序章

その教え方が子どもをダメにする

──恐ろしい8つの常識

教育はその時々の社会のニーズに応えるものであることが理想です。

社会が高速で変わりつつある中で、近代型の教育も変化を余儀なくされており、その中で、これまでの学び方や教え方の習慣が大きく見直されています。

この章では、これまで広く共有されてきた常識の中で、ミライ型の教育に合わなくなってきたものを一刀両断していきます。

本書の冒頭で最先端の科学がダメを出した８つの学習常識を紹介しました。

近年の脳科学や心理学などの進歩で人間の学びに関する研究が急発展し、「学びの科学」(Science of Learning) として、注目を集めています。

その成果の一部として、これまで良いとされた慣習の中には、広く使い古されながらも、機能していない学習方法や教育法があることが分かってきたのです。

それどころか、良いといわれるやり方を良かれと思ってやっているのに、子どもの学習に逆効果になっていることさえあるのです。

本章では、今すぐやめるべき最も危険な間違い教育習慣と、改めて持つべき考え方をギュッと凝縮してリストにしました。

良かれと思ってやりながら、実は、子どもの人生を予期せぬ不幸に導いてしまっているかもしれません。

子どもをダメにする間違えた習慣を今すぐ見直していきましょう。

■常識1「成果や能力をほめる」
▼逆に向上心が下がってしまう

「よくできたね！　しかも、読むのが早い！」「こんな問題ができるなんて、賢い！」

子どもが正しく問題に答えたり、何かうまくできたりした時に、ほめたくなるのはごく自然の反応。どんどんほめるのが子どもをサポートする時の成功の秘訣で、ほめれば成功体験を実感させられる。ほめて育てると子どもに自信がつきやる気が上がる。

しかし実はほめることは「諸刃の剣」なのです。うまく使いこなせれば良い効果があるものの、そうでなければ、予期せぬ逆効果で子どもに悪影響を及ぼしてしまいます。

例えば、冒頭のように、「よくできた！」「こんな問題ができる」などとして、子どもの成果そのものをほめたり、「読むのが早い！」「賢い！」などと、子どもの現在の能力や知性をほめることは、非常に危険です。

この点について、世界的ベストセラーの『マインドセット「やればできる！」の研究』の著者キャロル・ドゥエック教授の一連の研究が有名です[1]。

ドゥエック教授らは、ある研究で、小学生を2つのグループに分けてパズルを課しました。どの生徒もしっかり取り組めば大方はできる程度の易しいものです。

パズルが終わった後、一方のグループ（知性グループ）には、できたパズルの数（X）を伝えて、「Xもできてる。よくできたね！　頭いいね！」などといって、成果と知性をほめる言葉をかけます。もう一方のグループ（努力グループ）には「Xできてるね。すごくよく頑張って考えたね」と努力をほめる言葉をかけます。

その後、それぞれのグループに、パズルが楽しかったか、持って帰ってもっとやりたいか、今後もいい結果を残す自信があるかなどの質問をします。

「楽しさ」「やる気」「自信」のチェックです。

このチェックの結果、2つのグループで有意な違いは見られませんでした。

しかし、もう一度パズルをやるとしたら、より難しいものをやりたいか、それとも、同じようなものをやりたいかを聞くと、2つのグループで大きな差が出てきます。

知性グループは、大半が同じようなものがやりたいと言ったのに対し、努力グループの90%がもっと難しいものをやりたがったのです。

知性グループは「賢い」とほめられたため、パズルの結果で自分が評価されることを体感し、同様の成果を残して「賢い」と見られ続けようとした一方、努力グループは努力がほめられたので、さらに努力を続けようとしたのです。

正しくほめるための秘訣

この実験には続きがあります。第2ラウンドとして、同じ子どもたちに1回目のパズルよりも難しいものが渡されます。その結果、ほとんどの生徒が1回目のパズルよりも、成績が悪くなります。

それが終わった後に、子どもたちに1回目と同様の「楽しさ」「やる気」「自信」に関する質問をします。

ここで、知性グループと努力グループに大きな差が出てくるのです。

知性グループは、今回の問題を前回よりも楽しむことができず、持って帰ってやる気も出ず、また、前回よりも低いパズルの成績に自信も落ちてしまいました。

自分が得た「賢い」というラベルが傷つけられ、楽しさややる気、自信まで削がれてしまったのです。

一方、努力グループでは、前回よりもパズルを楽しく感じ、家に持って帰ってやる気も上がり、また、前回よりもできなかったにもかかわらず、そのことが自信の低下にはつながらなかったのです。

できなかったのだから、単に、もっと頑張らなければいけないと思い、家に持って帰ってさらに練習したいと、かえってやる気につながったのです。

この実験から分かるように、成果や知性をほめてしまうと、自信ややる気が増すどころか、全く逆の方向に向いてしまいかねないのです。

ほめる時は**成果や知性**をほめるのではなく、子どもの努力や積極的に学ぶ姿勢をほめましょう。そのことで、子どもの持続的なやる気を育むことができるのです。

■常識2「手取り足取り丁寧に教える」
▼学びが浅くなり、探究心が削がれる

子どもが新しいものを学んだり、分からない問題に直面した時に、丁寧に一歩一歩分かりやすく説明する。これは当たり前の教育方針のように思えます。

しかし、手取り足取り教えることは、必ずしも子どものベストにつながりません。それどころか、子どもが興味を持って探求したり、主体的に学んだりする気持ちを潰してしまう可能性があるのです。

2011年のマサチューセッツ工科大学（MIT）の研究が示唆に富んでいます。被験者は幼稚園児。4つの仕掛けがついたおもちゃで遊んでもらいます。遊ぶ前にするおもちゃの説明の仕方を、園児のグループごとに少しずつ変えました。

グループ1には4つの仕掛けのうち1つだけをしっかりと教えます。他の仕掛けは全

く説明しません。「ほらほら、ここの部分を見てごらん、引っ張って回してみると、こんな音が鳴るよ」といった具合です。そうした説明を実演付きで2回行います。

グループ2は、同じ機能を実演して説明しようとするのですが、実演した後に説明をせずに、用事ができたといって退席します。「ほら、これ見て、音が鳴ったね！　あ、隣の部屋に行かなくちゃ」

グループ3は、説明をするのではなく、おもちゃを出していじっているうちに同じ機能が偶然に実演されてしまうという設定です。「ほら、面白そうなおもちゃでしょ。こうしたり、ああしたり。あ！　今の聞いてた、音が鳴ったね！」

最後のグループ4には何も説明しません。

このようにそれぞれ違う説明の後に、園児たちはおもちゃで遊びます。

結果はどうなったでしょうか？

グループ1の丁寧な説明を受けた園児たちは、説明を受けた仕掛けだけで少し遊んで、すぐにおもちゃを置いてしまいました。

その他のグループの園児たちは説明された以外の3つの仕掛けも見つけることがで

き、さらにおもちゃで遊んでいる時間もグループ1の園児より長かったのです[2]。

この実験を行ったリサーチメンバーの1人、MITの認知科学者ローラ・シュルツ教授は、この実験結果をごく自然なものだと解釈しました[3]。

教え方が丁寧で「効果的」であればあるほど、子どもがすでにその知識やスキルを身につけたと満足して、それ以上そこから学ぼうとしなくなる。

丁寧に手取り足取り教えることで子どもの興味をつぶしてしまわないよう、子どもの探究心をさらに引き出し、主体的に学ぶ姿勢を引き出すように意識したい。

その点で、グループ2からグループ4の「中途半端」な教え方が模範的であるかはさておき、子どもの探究心を引き出すという点から注目すべきところがあるわけです。

教えることの危険性

また、この例からさらに一歩踏み込んで、教えることのもう一つの危険な本質を理解しておく必要があります。それは、教えることの本質が、教える側の視点や考え方によって教わる側の思考を制限する行為であるということです。

例えば、コロンブスの「アメリカ大陸発見」は、ヨーロッパからの視点に立ったもので、アメリカ大陸の原住民の視点を欠いていることはもはや月並みなポイントです。歴史上の事実であっても、それを描く前提や視点によって、物事の見方が大きく左右されてきます。

理系分野でも、摩擦を無視したり、純粋な物質を想定したり、比較的小さな要因を省いた単純化されたモデルから始めて、科学法則の基礎が教えられます。そうした理想化された科学モデルは科学の基礎を学ぶために必要不可欠ですが、前提をしっかりと意識しておかないと、空気摩擦や不純物の混合などのありふれた現実を大事な局面で見誤ってしまいます。

どんなことでもさまざまに異なる視点が可能であるにもかかわらず、最初の学びは、必ずある一定の考え方や前提に立たなければ始めることができません。そして、その考え方や前提が子どもの思考や世界観に多大なる影響を及ぼすのです。

教えることは、新しい知識やスキルの獲得により子どもの視野を広げうる一方で、考え方やものの見方を制限してしまう危険性をはらんでいます。

裏を返せば、他のものの考え方や、他の教え方、他の視点が常に存在するということを肝に銘じておかなければならないということです。

子どもの学び方や考え方を尊重し、それらを強引に制限することを避けて、複数の異なる視点の取り方を奨励していきましょう。

■常識3「評判の教材や勉強法で学ばせる」

▼才能もやる気も潰してしまいがち

この教えることの危険性の議論が示しているように、子どもに特定の基準や枠組みを押し付けすぎないように気を付けなくてはいけません。

例えば、いかに評判の教材や学習方法であったとしても、その子ども自身にそぐわないものを強引に使おうとしても良い結果は得られないのです。

「このテキストをやればできるはずなのに、なんであんたはダメなの！」

「あの塾はダメだと評判だから、行っても意味がないわよ」

科学的根拠なり、友人からの推薦なり、自分がたまたま信じた良しあしの基準に基づいて特定の教材や学習方法を無理やり押し付けたり、遠ざけたりしてはいけません。

評判のよいものを求め、悪いものを遠ざけたいという気持ちは、子どもを大切に思えば思うほど、強くなってしまうもの。

しかし、焦点を当てるべきは、それぞれの子どものニーズと主体的な学びの姿勢です。

いかに優れているとされる教材や学習方法であっても、その子どもに合っていなければ、学ぶ欲求や才能をつぶしてしまいます。

特定のやり方や枠組みを決め付けて、それに無理やり子どもを押し込もうとせず、子どもの方にフィットした教材や学習方法を見つける姿勢を大切にしなくてはいけません。

そもそも、良い教材、良いカリキュラム、良い学校などといった時の、良さとは何なのかもう一度考え直してみましょう。

大多数の子どもで効果が出た。教育学の理論に合致する。腕利きで知られる大先生のお墨付き。いろいろな根拠が考えられます。

しかし、いかに評判のいい教材や学習方法であっても、他の子どもに結果が出たからといって、自分の子どもに結果が出るかどうかは分からないのです。

期待されるような学びが得られるかどうかは、結局のところ、今向き合っているその子どもの現在の学習進度、能力、やる気などに適しているか次第なのです。

学習の主体としての子どもに目を向けましょう。その上で、今使っている教材や学習方法が、たとえ大評判のものであったとしても、子どもに合っていないようであれば、新しいものを探していく勇気を持たなければいけません。

どんなに優れているといわれていても、今使っている教材、現在の教師、在籍中の学校や塾等々は、数ある方法の中の選択肢の一つにすぎません。

教材や学習方法の側を子どもにフィットさせるという意識を強くもちましょう。

子どもと学習法のフィット感

さてそれでは、子どもと学習方法がフィットしているか否かをどのように見極めればよいのでしょうか？

まずは、もちろん、じっくりと子どもの様子を見つめることが肝心です。

新しいやり方に初めて接した際には、戸惑いや不安があり、慣れていくのに少し時間がかかるかもしれません。最初のリアクションが芳しくなくても、すぐにフィットを心配する必要はありません。

また、すぐに結果が出なくても、子どもを急かしたり、自分が焦ったりしてはいけません。新しいやり方に慣れていけるようにゆっくり時間をかけてサポートしましょう。

初期のフェイズを越えて、少しずつポジティブな変化が見られたり、子どもの学習姿勢も積極的になりつつあるなら、フィットがあるのかもしれません。

しかし、いつまでたっても、変化の兆しが見られなかったり、子どものやる気が上がらないならば、その学習方法が子どもにフィットしているとはいい難いでしょう。

子どもと学習方法のフィットは、いつでも白黒はっきりと簡単に判断できるものではありません。

もちろん、子どもの成果ややる気が明らかに向上したり、逆に、子どもが常に落ち込んでいるなど、フィットしているか否かが明らかな場合もあるでしょう。

しかし、どちらとも言えないような、グレーゾーンの状況も多く見かけるでしょう。

そのため学習進度の具体的で頻繁な評価は、フィットの判断の目安にとても重要です。

大雑把な印象だけでは、グレーゾーンでの子どものフィットの判断を見誤ってしまいます。

学習の評価を効果的にする方法は、第4章のセルフアセスメント（自己評価）のところで詳しく見ていきましょう。

学びの主体である子どもと学習条件のフィットの最適化は、試行錯誤の連続です。

子どもにフィットした方法は唯一ではなく、今フィットしている学習方法が今後もずっとベストである保証もありません。現在フィットしていても、よりよいフィットが見つかることだってあるのです。

試行錯誤を覚悟して、一つのやり方を押し付けたり、それに固執せずに、違うやり方を試す勇気が必要です。

■常識4「得意な学習スタイルで学ばせる」
▼脳科学に反する行為で記憶が定着しにくい

とはいっても、子どもが好きだったり、得意だったりするやり方が見つかると、他の慣れない方法をあえて試す必要がないと思えるのも自然です。

実際、「得意な学習スタイルでとことん学ばせる」という考え方は、指導方針や教育理論の基礎的な考え方で、世界的にも共有されてきたものです。[4]

それぞれの子どもに合った「学習スタイル」があるのだから、それに合ったやり方でとことん学ばせる。

「私は図解などのビジュアルを通しての方が学びやすい」

「僕は文字で理解した方が覚えが早い」

「あなたは一人で静かに学ぶというより、ディスカッション派だよね」

それぞれの子どもに「学習スタイル」の向き不向きがあり、子どもの「学習スタイル」に合った学び方で学習効果が上がる。

「学習スタイル」の考え方は、ごく当たり前の常識のようにさえ語られています。

しかし、これが実は要注意なのです。

近年の認知科学が出した答えは、子どもが得意だと思っている「学習スタイル」で学習効率が上がるという考えに、科学的根拠がないというものです。[5]

例えば、インディアナ大学のオーラフリン教授らによると、学生たちが自分に合っていると思う「学習スタイル」で勉強しているかどうかは、実際の学業成績と相関していませんでした。[6]

子ども自身が自分の「学習スタイル」と認識することと、それが実際に効果的かどうかは、全く別問題なのです。

それどころか、最先端の脳科学をもとにした「学びの科学」では、ある特定の方法で学ぶよりも、さまざまな学習の仕方を通して学んだ方が、記憶の定着を促すことができ、学習効果が上がるということが明らかにされたのです[7]。

人間の脳は非常に柔軟で新しい学び方にも適応することができ、多様なやり方で学ぶ方が学習効率が良いのです。

自分が得意意識を持っている方法の枠から飛び出して、多様な学び方を身につけなくてはいけません。多様な学びの重要性は第4章でさらに詳しく取り上げます。

■常識5「ストレスをさける」
▼人間のDNAに逆らって余計ストレスの悪影響が出る

次に、現代社会を生きる上でつきものの「ストレス」について考えましょう。

ストレスは心や体の健康に大きな影響を与えます。極度にストレスのかかる環境は、決して最適な学習環境にはなり得ません。

しかし、ストレスを完全に取り除こうとしても現実的ではないでしょう。さらに、良い学びのためにストレスを完全に取り除く必要もないのです。

実際、最近の認知科学の研究成果によって、適度なストレスが記憶力や集中力を高めて、学習の効果を引き上げることが知られるようになりました。[8]

学習をはじめとする心や体の働きがストレスによって高められるのは、そうしたストレス反応が進化論的にも有利なためだとさえ考えられています。

周りの環境が何らかのストレスになっているということは、自分の身に何らかの脅威が差し迫っていることを示しています。

そうしたストレスの状況下で、心や体の働きが一時的に高まるのは、人間が進化の過程で獲得した生き抜くための大切な体の機能なのであり、私たち一人一人のDNAに刻み込まれた生存戦略なのです。

そのため、大切なのは、ストレスを恐れて、むやみに避けようとすることではなく、ストレスとうまく付き合っていく心の構えを身につけることなのです。

日本でも人気を博しているケリー・マクゴニガル博士は、自身のTED Talk『ストレスを友達にする方法』[9]で関連する研究を紹介しています。

一つはウィスコンシン大学マディソン校の研究[10]で、ストレスを感じているかどうかよりも、そのストレスに対する私たちの姿勢が肝心だという報告です。

例えば、ストレスを強く感じていて、そのストレスが心や体に悪影響を及ぼすと考えていると、寿命よりも早く死んでしまう確率が通常よりも40％以上も高くなります。

さらに、ストレスの悪影響を意識している人たちは、悪影響を気にしていない人たちに比べて、健康への実際の悪影響に苦しむ確率が2〜4倍、精神的苦痛に悩む確率が2〜5倍に跳ね上がってしまうのです。

ストレスの正しい「利用法」

逆に、ポジティブな姿勢でストレスに向かうと、ストレスの悪影響が減るという結果も報告されています。マクゴニガル博士が前述のTED Talkの中で紹介しているのは、ハーバード大学の心理学マシュー・ノック教授らによる研究です[11]。

ストレスを感じると、私たちの体にはさまざまなストレス反応が起こります。スピーチの前に緊張して、胸がドキドキするのもその一つです。

ノック教授らは、スピーチ前の被験者の2つのグループに異なる説明をしました。

グループ1には、緊張などのストレス反応の医学的側面を説明し、良いパフォーマンスを可能にするための心や体の反応であると解釈するよう促します。

グループ2には、そうした説明なしに、緊張などのストレスを回避するには、その原因と考えられるものを無視することだと伝えます。

スピーチ後の検査により、グループ2より、グループ1の被験者は、心肺機能の乱れが少なく、集中力も高まっていたことが分かったのです。

つまり、グループ1の説明のように、ストレスをポジティブに解釈できると、ストレスの悪影響が減り、良い方向に心や体を向かわせることができるのです。

同様に、テストの前にストレス反応が良い成績につながると伝えると、体へのストレス反応が減少し、テストの成績自体も上がるという報告もされています。[12]

これらの実験が示すように、ストレスをポジティブに解釈するために大切な第一歩は、適度なストレス反応が自分にとって良い効果をもたらし得ると理解することです。

本書の読者の方はここまでで、すでにこの点をご理解いただいたので、すでにストレスとポジティブに付き合う第一歩をクリアしていただいたことになります！

この他にも、たくさんのストレスとうまく向き合う方法が考案されてきました。ストレスを感じたり、なぜそう感じているのかを考える。何か起きた時にどう感じるかなど、心の中でシミュレーションして「もしも」のシナリオを考える。目標設定をしてそれに集中する。

それからストレスが溜まってしまったら、休憩したり、笑ったり、体を動かしたりすることも効果的だとわかっています。

さまざまなストレスマネジメントのテクニックがあるので、実際に自分で探したり試したりして、良いと思われるものを子どもと一緒に実践してみましょう。

最後に、「ストレスが溜まってまずい」と少しでも思えた時には、迷わず、躊躇なく、プロのカウンセラーや医師に相談することが必要です。

ストレスは誰しもが抱える現代社会の問題です。サポートが必要なことは恥ずかしいことではありません。子どもや自分の能力の限界を示すものでもありません。適切なサポートで、子どもの学習能力を最大限に引き出せるようにしていきましょう。

■常識6 「テストで理解度や能力を測る」
▼最高の学びのチャンスを逃してしまう

さて、テストとストレスについて前述しましたが、そもそもテストなどのストレスになってしまうようなものをやらなくてはいけないのはなぜなのでしょうか？

まずシンプルにテストの目的として考えられるのが、現在の自分の理解度や能力のレベルを知るということです。

国や地域の標準学力テストや各団体が行う資格試験、学校の入学試験や期末試験だって、目的こそ違うものの、結局は、受ける生徒の能力を測定するツールなのである。こうした考えは非常にオーソドックスに思えるかもしれませんが、ことに学力試験の現実はそれほど単純ではないようです。

例えば、アメリカの入試用の標準試験は、生徒の学力よりも、親の収入に強く相関していることが度々指摘されています[13]。

また、前述のように、ストレスやストレスに対する姿勢によっても試験の結果が変わってきます。その日の体調だって大きく影響するのは当然です。

さらに、「テストの点数は、どれだけテストに慣れているかの指標でしかない」などの見方も珍しくはありません。

つまり、テストの結果は、親の収入だったり、ストレスマネジメントだったり、その日の体調だったり、テストへの慣れ具合だったり、生徒の学力や理解度以外のものを色濃く反映しているのです。


とはいえ、世の中にテストがあるのは現実。テストが何を測っていようが、テストを受けなくてはいけないことに変わりはない。

だからこそ、学習におけるテストの本当の効果を理解しておくことが重要です。

テストが最強の学習ツールである理由

テストが自分の学力を知るための道具でないのならなんなのか？

最近の学びの科学の研究で、テストは、最高の学びのチャンスを生み出す道具であることが明らかにされてきました。

テストは、受けている時に、必ず何らかの形でこれまで学んだことの記憶を呼び起こさなければなりません。

その「記憶の呼び起こし」が、高い学習効果を導くカギであることが分かってきました。[14]

例えば、アメリカのパデュー大学の研究で、記憶の呼び起こしをベースにした学習法と、その他の伝統的な勉強法の効果を比較したものがあります。[15]

まず、3つのグループの生徒が異なる勉強法で、同じテキストを学習します。第1グループの生徒は、テキストを繰り返し読む方法。第2グループは、テキストを読み、図解などを使ってノートにまとめる勉強法。第3グループは、テキストで読んだことをテストして読んだことの記憶を呼び起こす方法で学習していきます。

その1週間後に生徒たちは学習したテキストに関するテストを受けます。

その結果、第3のグループが格段に成績が良いことが分かりました。しかも、歴史の年号などのような暗記問題だけではなく、思考力を問う応用問題でも同様の結果が見られたのです。

つまり、テストを実力を知る道具としてしか見なしていない場合、二重の意味でもったいないことになります。

第一に、テストは実力を測らないという事実。

第二に、テストの一番の強みを生かしていない現状。

テストは学びを評価する道具ではなくて、学びを生み出す道具だと見直した上で、テストを上手に使っていきましょう。


テストを自分の学習にうまく取り込むための4つのコツが、アメリカのヴァンダービルト大学の教育局の公式サイト[16]で紹介されています。

以下を意識して、テストを学習に役立てられるように子どもをサポートしましょう。

1. ちょくちょく何を学んだか思い出すテストをしてみる。
2. 学んだことを思い出しながらまとめる癖をつける。
3. 学ぶ前に、これから学ぶことの診断テストをする。

4．テストや思い出し練習が、長期的な記憶や学習効果の向上につながることを知る。

どれも、今すぐにでも始めることができます。特に4は、今日にでも子どもとの会話の中で伝えてみてはいかがでしょうか？

■常識7「同じ問題を反復練習させる」
▼スピードが上がっても思考力は下がる

多くの子どもにとってテスト同様身近なのが、学習ドリルによる反復練習です。足し算、引き算、図形、文字の練習。世界中でさまざまな学習ドリルが存在し、教育者や保護者、子どもたちが手に取ります。

各ページに似たような問題が並び、繰り返し解いていく。

特定のスキルや知識を身につけるのが目的で、特に幼児や小学校などの教育で用いられ、さまざまな学習効果が確認されています。

しかし、この「似たような問題を何度も繰り返し解く」という当たり前の学習方法が近年見直されつつあります。

なんらかの反復練習は学びに欠かせないプロセスであることは間違いありません。しかし多くの学習ドリルは、反復の回数や速度を強調しすぎています。正しいだけではなく、速くできないといけない。10回ではなく、20回、さらにそれ以上やることで、その問題に「慣れて」素早く解けるようになる。同じような問題を解くことで、パターンに慣れて、より速く答えを出せるようになるのは疑う余地のない事実です。

しかし、単純な計算や記憶問題を素早く答えていけるような能力だけでは、理解力や思考力は高まりません。

むしろ、同じような問題を同じような考え方で解いていく癖がついてしまい、柔軟な考え方や、違った視点で物事を見る力が未発達になってしまいかねません。

早くできることとじっくり深く考えることは、脳科学的にも違う活動なのです。

スタンフォード大学の教育学ジョー・ボーラー教授はこの点を指摘するのに、何人かの大数学者の例を挙げています。

数学の「ノーベル賞」といわれる「フィールズ賞」受賞者の中にも、子どもの頃に計算が遅く、学習障害や数学苦手のレッテルを貼られた学者たちがいるというのです。[17]

考える力をつける計算問題の解き方

それでは、どうすればじっくり考える力がつくのでしょうか？

ボーラー教授が勧める学習方法で、それぞれの問題を違う方法や考え方で解いていくやり方がおすすめです。[18]アメリカの教育現場でもだいぶ浸透してきています。

例えば、算数でいうと、ドリルから20問同じような問題を解くのではなく、5問だけを選んで、それぞれの問題を4つずつ違う解き方で解いていくようなイメージです。

違った考え方で同じものを理解しようとするこのやり方で、学習の効率が上がることが脳科学的にも実証されてきました。

また、一つのことを違うやり方でできるようにしておくことで、柔軟な考え方をすることができるようになり、あるやり方で行き詰まっても他のやり方を試そうとする癖がつくのです。

それから、常に違ったやり方を模索しながら考える心の習慣も養うことができます。

20問ずつガンガン解いて、進んでいくことで、はかばかしい。ページをめくって、進んでいる気がして、やる気につながる。

親も子どもも、量が多い問題をすいすいと進めていくと、「はかどってる感」が得られるので、ついついドリルに頼りがちです。

しかし、問題を解いた数とか、めくったページの数が多ければ、良い学びに繋がりやすいというわけではないのです。

何事もバランスです。考える力や深い理解は、反復練習を素早くこなしていくことだけでは身につきません。多様性のある学び方を取り込んでいくことを心がけましょう。

■常識8「勉強は静かに1人でやらせる」
▼脳の「半分」は休止状態のまま

コロナ禍で世界各地でオンライン学習が導入され、多くの子どもやその親たちが新しい学習の環境を整えねばなりませんでした。

自分の勉強部屋を持っていれば幸運。家族とスペースを共有しながら、ステイホームの中で子どもが集中できる静かな環境を作るのは至難の業です。

「勉強は静かに集中して、1人でするもの」というのは非常に自然な考え方です。

コロナ禍ならずとも、静かな場所で集中しようというのは勉強に向き合う当然の姿勢で、友人たちと無関係の雑談ばかりしていては効果的な学習にはなりません。

しかし、この「静かに1人で」型の学習方法にあまりに執着しすぎてしまうと、より効果的な学習の機会を逸してしまうので注意が必要です。


なぜなら、最新の脳科学で、学習にコラボが超重要なことが分かってきたのです。

私たちの生活は他人との会話や共同作業、つまり、「コラボ」にあふれています。

そうした人間の社会性をつかさどる脳の領域は「社会脳」と呼ばれこれまで研究が積み重ねられてきました。

例えば、他の人々とコラボをしていると、社会脳の一部である前頭－頭頂ネットワーク（Frontal-Parietal Network：ＦＰＮ）が活性化され、思考や行動の制御をする前頭前野の発達にもつながることが分かっています。

つまり、脳科学的にも、コラボが学習に効果的なのです[19]。社会脳を寝かせたままでベストな学習効果は得られません！


こうしたコラボと学習の深い関係は子どもたちのテストの成績にも表れています。

例えば、ご存じピサ（Programme for International Student Assessment：ＰＩＳＡ）の報告をご紹介しましょう。

ピサは経済協力開発機構（ＯＥＣＤ）が3年に1度、世界中の15〜16歳の子どもたちに行う学力テストです。読解力、数学、科学の3分野の能力が評価されます。

そのピサの２０１５年の学力テストにコラボ能力を判定するテストが導入されました。数人の子どもたちと協力しながら問題を解くという形式のものです。

その年のテスト結果では、コラボ能力テストの結果と通常のピサの学力テストの結果が強く関連していることが報告されました。

また、学力テストトップの子どもたちは、コラボ能力もトップ、逆に、学力テスト下位の子どもたちはコラボ能力でも下位になるなどの傾向が明らかになったのです。[20]

コラボと学習のディープな関係

このように社会脳と学習の関係はディープです。以下の研究も示唆に富んでいます。

被験者である子どもたちは日常行動に関するテキストを読みます。

一方のグループには、読んだ後に内容に関する記憶力テストが出されるからよく読むようにと伝えられます。もう一方のグループには、テキストに書いてある日常行動に当てはまる実際の人物を想像しながら読むように指示されます。

テストの結果は、記憶力テストに向けて勉強したグループよりも、実際の人物を思い浮かべながらテキストを読んだグループの方が格段に高かったのです。

つまり、実際に他の人とコラボしなくても、他の人を想定して頭を動かすことで、記憶力が上がるのです。[21]

私たちが慣れ親しんだ伝統的な教育方法もコラボと学習の目線から再認識できます。

例えば、単に勉強するのではなくて、他の人に教えることを目的に学ぶのは、テストを目的に学ぶのよりも、効果的な学習方法であることがしられています[22]。

また、生徒同士で教え合う「ピア・チューター」のやり方も効果的です。教える側も教えられる側も学習効果が上がるということが分かっていますが、特に、教える側の生徒への学習効果が大きいようです[23]。

子どもが他の子どもと勉強をしたいといった時、「どうせ遊んで終わりになってしまう」という心配も当たり前。勉強は1人で静かに集中するという考え方も自然です。

しかし、グループ学習には脳科学的にも心理学的にも示された絶大な効果があるのです。グループ勉強をダメと決めつけずに、遊びや雑談で終わらないようなサポートを考えるのが第一歩でなくてはいけません。

また、グループ学習が難しいようであれば、子どもが学んだことを家族に説明するような機会を作ることで社会脳を活性化させて学習効果を上げられます。

世間でヨシとされるが本当はダメな学習の常識。

本書の内容を今後のための改善策の参考にしていただければ幸いです。

さて、本章で見てきたように、これまでの危険な教え方や学習の習慣を躊躇なく改めようとする精神はスタンフォード大学・オンラインハイスクールの学校デザインに色濃く反映されてきました。

そのミライ型の学校デザインの秘密を、次章以降で徹底解剖していくことにしましょう。

第1章

学校の定番をとっぱらう

スタンフォード大学哲学部博士課程最後の年。博士論文は早々に書き終えた。残りの1年ほどをどのように過ごそう。

そんな時、大学院の友人が紹介してくれたのが、「哲学のカリキュラムを高校向けに作成するプロジェクト」でした。

アメリカでは、日本同様、哲学が本格的に学ばれるのは大学に入ってから。哲学博士の端くれとして、哲学の裾野を広めたい。

そう思って、興味が湧き、さらに話を聞いてみます。

「スタンフォード大学にオンラインの高校がスタートアップされる。その必修科目になる哲学のカリキュラムを作成してほしい」

当時すでに、シリコンバレー界隈ではオンライン教育が話題になっていました。

「高校生向けの哲学カリキュラム」プラス「流行のオンライン教育」。刺激的な組み合わせに感じて、すぐにスタートアップへの参加を決めました。

しかし、「はじめに」でもお伝えしたように、これは自分のキャラクターから外れた行動だったのです。

論理学研究に精を出す一方で、その頃すでに、大学生や大学院生を教えていましたが、スタンフォード大学の学生はとにかく賢い。誰が教えても関係なしで、どんどん学んでいける。自分が教えることの意義が感じられない。

そんな思いがあったので、哲学カリキュラムづくりまではルンルン気分でスムーズでしたが、学期が近づいて実際に教える段階になると、急激な不安に襲われました。それまで、米国の高校生を教えたことがない。ましてや、オンライン。教えることはもともと苦手。ウキウキ気分で授業に向かうのは不可能でした。

しかし、もちろん途中で投げ出すわけにはいきません。なんといっても、大学院生としての食い扶持《ぶち》だって必要でした。

グッと堪えて自分の「教えることアレルギー」と向き合わねばなりませんでした。

しかし、本書の「はじめに」でもお伝えした通り、学期が始まるとすぐに、その「教えることアレルギー」はどこかに消え去ってしまったのです。

学ぶことによる高校生たちの劇的な変化を体感して、教えることに「アレルギー」どころか、情熱さえ感じ始めたのでした。

高校生たちと初めてのオンライン授業で必死で駆け抜けた1年間。「アルバイト」感覚で始めたオンラインハイスクールが、いつしか「ライフワーク」に変わってしまっていました。

私のかつての「教えることアレルギー」と「哲学者」としてのバックグラウンドは、既存の教育の常識の中でも見直すべきものは見直していこうという視点につながっていきました。

実際、スタンフォード大学・オンラインハイスクールでは、いくつもの「学校の定番」を取り払ってきました。

どのような目的で、どのような定番を取っ払ってきたのか。主要な教育改革のいくつかを紹介していきましょう。

■授業——学びのハードルが高すぎる

「授業をなくしたのか？　授業がなければ学校じゃないじゃないか！」

ごもっとも。実際、スタンフォード大学・オンラインハイスクールは創立当初から、生徒と教師がオンラインで一堂に会するライブ授業をいち早く取り入れてきました。

私たちが取っ払った「学校の定番」は、公教育などでしばしば見られる「講義ベースの授業」です。

私は地元の公立小学校に通っていました。

絵が割と得意で、時々地区で表彰されたりしていました。

ある時表彰された絵のタイトルが「つまらない授業」。

教室で、教科書を持ちながらも、遠くを見るような目をした自分が描かれています。

なんともいえない無表情。眠そうな雰囲気。授業のつまらなさがそのたたずまいから伝わってきます。

そんなテーマの絵に賞状を出したのですから、なかなかオープンマインドな地元なわけで、誇りに思っています。

さて、その絵の私の視線の先には、授業をしている教師の姿があるはずです。教師がクラスの黒板の前に立って、熱心に教材の説明をしていく。ところどころで、演習やドリルなどの課題が出る。典型的な「講義ベースの授業」の風景です。

講義ベースの授業方法にはさまざまな利点があります。クラスの大小を問わず授業がしやすい。授業のペース設定が容易で、カバーすべき教材を効率的にカバーできる。そのため、数十人や時には数百人といった、大きなグループで標準カリキュラムに沿った指導が求められる公教育の現場などで、重宝されてきた手法です。

一方で、講義ベースの授業は、生徒の学びへのハードルが高く設定されています。まずは集中力。長時間、大勢に囲まれた環境で、講義に耳を傾け続けることは、大人にだって容易ではありません。

それから、ノートの取り方や、要点の押さえ方、その他にも多くの学習スキルが必要です。

講義ベースの授業では、それぞれの生徒に合わせて手取り足取り十分な時間をとって指導することを前提としていないため、生徒の側の意欲やスキルが伴わないと、効果的な学びを実現することができないのです。

講義をされる側の生徒にとって、受け身の姿勢を強いられる中で、意欲や集中力を維持したり、授業の内容についていくのは簡単なことではありません。

こうした観点から、スタンフォード大学・オンラインハイスクールでは、伝統的な講義ベースの「授業」を廃止。オンラインで世界初となる「反転授業」を導入しました。

伝統的な講義ベースの授業では、授業の時は教師からの講義を受けて、そこで学んだことを使って、授業外の放課後に宿題や演習をしていきます。

一方、「反転授業」において、授業は、すでに予習で学んできたことを使う時間に割り当てられます。他の生徒とディスカッションをしたり、問題の演習をしたりする参加型の学習の時間です。教師の講義は、予習としてテキストを読んだり、録画されたレクチャーを視聴する授業前の学習に置き換えられるのです。

反転授業は、授業での講義と授業外での演習という伝統的な形を、まさに「反転」させる教育方法で、近年注目が集まり、日本でも取り入れる教育機関が増えてきました。

オンラインだからこそ、通常よりもさらに参加型の授業にする必要がある。そのように考えて、伝統的な講義ベースの「授業」を取っ払い、反転授業で参加を促す少人数制のセミナー型授業を導入したのです。

オンラインの反転授業については、次の章でも詳しくみていくことにしましょう。

■学年——不公平な公平を生み出すシステム

「えっ！　もう中2になったの？　ということは、13歳？　それとも14歳になったかな？」

親戚や友人の子どもと再会。そんな時の自然な会話の一部かもしれません。

しかし、その子どもがスタンフォード大学・オンラインハイスクールに「通って」いるのであれば、その自然な会話が通用しないかもしれません。

なぜなら、年齢による学年への振り分けがないからです。

生徒は年齢ではなく、学習到達度や学習プランによって学年を指定できます。そのため、俗にいう「飛び級」をする生徒もいます。これまで9歳でオンラインハイスクールに入学した生徒もいました。

考えてみれば、学年制度ほど「不公平な公平」はありません。日本の公教育における学年制度は子ども全てに同様に適用されるという点においては「公平」であるかもしれません。

しかし、同じ学年でも、子どもたちの年齢に、最大で1年ほどの差が生まれてしまいます。さらに、それぞれの子どもたちが暮らしてきた背景や、学習の状況、今後の目標など、さまざまに異なっているのは言うまでもありません。

それにもかかわらず、「学年」というグループによって学ぶべきことを区切って、教育を「効率化」しようとするのが「学年制度」です。

限られたリソースを用いて、多数の生徒をサポートしなければならない公教育などの現場では、必要な仕組みとなってきました。

みんなが同じルールのもとで同じ教育が与えられるという点で「公平」ではあります

が、能力やニーズが異なる生徒たちが同じ教育を受けるという点で、「不公平」で恣意的であるとさえ考えられるのです。

それぞれの生徒に合った学びのサポートを本当に追求するのであれば、年齢による学年の振り分けでは不十分ではないのか？

生徒が自分に合った自分だけの学習をデザインする。そんな教育を実現したい。

そうした考えから、スタンフォード大学・オンラインハイスクールでは「Design Your Learning（自分の学習をデザインする）」の精神に基づいて、生徒一人ひとりのニーズや目標に合わせた学習をサポートできる仕組みを導入してきました。

その一環として、年齢による学年振り分けを廃止して、学習到達度や学習プランによる学年の振り分けを制度化しました。

実際、オンラインハイスクールでは、中1から高3まで、どの学年からでも入学が可能です。出願の際に、生徒が自分の入学したい学年を希望します。

生徒の希望に応じて、入学審査の際に、生徒の準備が十分であるか、卒業年が学習計画と合致し得るかなどを判断して学年を決定していきます。年齢は重要なファクターではありますが、全てを総合判断して生徒の学年が決定されるのです。

入学してからも、「Design Your Learning」は続きます。在籍中も、生徒とアドバイザーが定期的に学習プランと学習進度を話し合います。その中で、必要であれば、同じ学年を繰り返したり、学習プランの速度を上げて、よりハイレベルなコースを履修するなど、学習プランを生徒の進度に合わせて変更する仕組みを実現しました。

また、学生生活を過ごす中で、学業以外の課外活動における生徒の興味も養っていかねばなりません。スポーツや芸術、さまざまな課外活動と学業を両立できるように、生徒たちは「Design Your Learning」で自分の学習プランを計画していきます。

■カリキュラム——無理やりみんな同じことを学ぶのは不合理すぎる

スタンフォード大学・オンラインハイスクールでは、学年は自分が何年後に卒業するかの目安でしかなく、同じ「学年」に振り分けられたからといって、同じカリキュラムで、同じコースを履修して学んでいくわけではありません。

つまり、オンラインハイスクールでは、全ての生徒に共通の「統一カリキュラム」の類いは存在しないのです。

例えば、高校1年生のJimとKatieの履修科目をご覧いただきましょう。

2人は同じ高1なのに履修コースが大きく異なります。ただ一つ共通しているのが高1唯一の必修である「科学史と哲学」です。

もう少し詳しく見ていきましょう。

Jimは、どちらかというと理系に強い生徒のようです。

Jim	Katie
●科学史と哲学	●科学史と哲学
●英文学II	●モダニスト文学
●ラテン語I	●スペイン語5
●AP物理	●代数II
●線形代数	●化学入門

「英文学Ⅱ」は、日本でいう高1の「国語」と考えていただければいいでしょう。「ラテン語Ⅰ」はラテン語入門。高1レベル相当です。

その一方で、「AP物理」は大学入門レベル、なおかつ、「線形代数」はスタンフォード大学の数学科の授業と同じカリキュラム。Jimのお得意の理系分野で、高1にしながらすでに大学レベルのコースを履修しているのが分かります。

対照的に、Katieは、人文学に強い興味を持っているのでしょう。「代数Ⅱ」も「化学入門」は高1相当。一方で、「モダニスト文学」は大学レベルの英文学コースです。

さらに、「スペイン語5」は、大学入門レベルます。

の「スペイン語4」のさらに一つ上のコースで、スペイン文学を読むコースになってい

Jim と Katie の間にみられるような履修コースの違いは決して珍しいものではありません。全ての生徒の履修コースが同じ学年でも大きく異なり非常に多様です。異なる生徒で、全て同じコース履修になることの方がむしろ非常にまれなのです。

そうした学習プランの多様性は、「Design Your Learning」の結果でありながら、「Design Your Learning」でサポートされるべき生徒の学習ニーズの多様性を、私たちに再確認させてくれるものです。

■時間割——子どもそれぞれの生き方をしばりつけない

「Design Your Learning」の極め付きは時間割です。生徒たちが同じコースをとっていたとしても、同じ時間の同じ授業に参加するとは限りません。

スタンフォード大学・オンラインハイスクールでは、少人数のセミナー型授業が基本のため、多くの生徒が履修するコースは複数の時間帯で授業が行われます。

世界各地から生徒が参加するため、同じコースでも、異なる時間帯に複数授業を分散させることによって、時差を克服する必要性もあります。例えば、カリフォルニア西海岸在住のJimにとって、朝6時の授業は早すぎるかもしれませんが、3時間の時差がある東海岸在住のKatieにとっては同時刻で朝9時なので、ちょうどいい時間帯になります。

多くの学校では、学校側が作成した時間割に、生徒がスケジュールを合わせるわけですが、スタンフォード大学・オンラインハイスクールでは、それとは真逆の方法を採用しています。

毎年、スケジュールづくりの時期が来ると、生徒は、睡眠時間や、その他の課外活動などの予定を学校に提出します。

生徒たちのスケジュールとタイムゾーン、教員のスケジュールを全て記録し、スケジュールをコンピューターで最適化していきます。そうすることによって、生徒一人一人に合った、授業のスケジュールをはじき出すのです。

生徒が自分の学習をデザインしながらも、学習以外の活動と両立してバランスの良い

<table>
<tr><th>西海岸</th><th colspan="2">Jim</th></tr>
<tr><th></th><th>月曜日
水曜日</th><th>火曜日
木曜日</th></tr>
<tr><td>0:00</td><td colspan="2" rowspan="8">睡眠</td></tr>
<tr><td>1:00</td></tr>
<tr><td>2:00</td></tr>
<tr><td>3:00</td></tr>
<tr><td>4:00</td></tr>
<tr><td>5:00</td></tr>
<tr><td>6:00</td></tr>
<tr><td>7:00</td></tr>
<tr><td>8:00</td><td colspan="2">自由時間</td></tr>
<tr><td>9:00</td><td>科学史と哲学</td><td rowspan="4">授業外学習</td></tr>
<tr><td>10:00</td><td>授業外学習</td></tr>
<tr><td>11:00</td><td>英文学II</td></tr>
<tr><td>12:00</td><td>授業外学習</td></tr>
<tr><td>13:00</td><td>ラテン語I</td><td>ラテン語I</td></tr>
<tr><td>14:00</td><td>授業外学習</td><td>授業外学習</td></tr>
<tr><td>15:00</td><td>線形代数</td><td>AP物理</td></tr>
<tr><td>16:00</td><td rowspan="3">空手</td><td>自由時間</td></tr>
<tr><td>17:00</td><td rowspan="2">バイオリン稽古</td></tr>
<tr><td>18:00</td></tr>
<tr><td>19:00</td><td colspan="2" rowspan="4">自由時間</td></tr>
<tr><td>20:00</td></tr>
<tr><td>21:00</td></tr>
<tr><td>22:00</td></tr>
<tr><td>23:00</td><td colspan="2">睡眠</td></tr>
</table>

<table>
<tr><th colspan="2">Katie</th><th>東海岸</th></tr>
<tr><th>月曜日
水曜日</th><th>火曜日
木曜日</th><th></th></tr>
<tr><td colspan="2" rowspan="3">睡眠</td><td>3:00</td></tr>
<tr><td>4:00</td></tr>
<tr><td>5:00</td></tr>
<tr><td colspan="2">ジョギング</td><td>6:00</td></tr>
<tr><td colspan="2" rowspan="2">自由時間</td><td>7:00</td></tr>
<tr><td>8:00</td></tr>
<tr><td rowspan="2">授業外学習</td><td>科学史と哲学</td><td>9:00</td></tr>
<tr><td>化学入門</td><td>10:00</td></tr>
<tr><td colspan="2" rowspan="5">バレエの稽古</td><td>11:00</td></tr>
<tr><td>12:00</td></tr>
<tr><td>13:00</td></tr>
<tr><td>14:00</td></tr>
<tr><td>15:00</td></tr>
<tr><td>授業外学習</td><td>授業外学習</td><td>16:00</td></tr>
<tr><td>スペイン語5</td><td>スペイン語5</td><td>17:00</td></tr>
<tr><td>授業外学習</td><td>授業外学習</td><td>18:00</td></tr>
<tr><td>モダニスト文学</td><td>代数II</td><td>19:00</td></tr>
<tr><td colspan="2">授業外学習</td><td>20:00</td></tr>
<tr><td colspan="2">自由時間</td><td>21:00</td></tr>
<tr><td colspan="2" rowspan="5">睡眠</td><td>22:00</td></tr>
<tr><td>23:00</td></tr>
<tr><td>0:00</td></tr>
<tr><td>1:00</td></tr>
<tr><td>2:00</td></tr>
</table>

生活をデザインできる。

「Design Your Learning」と「Design Your Life（自分の人生を設計する）」の2つの精神で生徒をサポートするべく、通常の時間割の作り方を取っ払って、学校スケジュールを大改革したのです。

それでは実際のスケジュールの例をJimとKatieの時間割で見てみましょう。

オンラインハイスクールを卒業する全課生は、各学期に平均5つの科目を履修します。JimとKatieは全課生なので、5つずつ科目を履修しています。各科目でセミナー授業が週2回、月曜と水曜か、火曜と木曜のどちらかのサイクルにスケジューリングされます。

例えば、西海岸時間で、Jimの「科学史と哲学」は月・水、Katieは火・木のサイクルとなっています。

ラテン語やスペイン語などの語学科目は例外で、月・水、火・木の両方のサイクルを通じて授業があります。言語学習の授業は週4回で、その他の科目の授業よりも頻繁にライブ授業ができるようにデザインされています。Jimのラテン語やKatieのスペイン語が月・水、火・木の両方のスケジュールに出てくるのはそのためです。

授業外の時間では、次の授業の準備や課題に取り組みます。生徒同士で、グループ学習やプロジェクトなども行われています。

授業外学習をしないと、授業に参加できない方式なので、Jim も Katie も自習の時間を1日のスケジュールに組み込んでいることが分かります。

また、Jim は空手やバイオリン、Katie はバレエダンスをやっています。特に、Katie はプロのバレエダンサーを目指していて、毎日午前中はトレーニングの時刻です。

そうしたニーズを生徒が自分の学習デザインや人生のデザインの中に組み込むことが可能なように、生徒の科目選択とスケジュールから授業スケジュールを組むのです。

学校で「定番」のみんな一緒の統一時間割は「Design Your Learning」の精神とは、相容れない伝統的な教育制度なのです。

■放課後――オンライン学校でも課外活動ができるように

私は中学の時は柔道部、高校の時はバレーボール部でした。

中学に入学してすぐに、ぽっちゃりした体格を見込まれて、担任になった柔道部の顧問に真っ先にスカウトされて柔道を始めました。

柔道を目いっぱい楽しむ一方で、スポーツでモテるかどうかが決まるという思春期の思い込みに苦しんでもいました。バスケットボールやサッカーなどは、モテる系の爽やかなイメージがある。柔道は暑苦しくてどうなんだ？

また、身長が高くはなかったので、長身に憧れていました。ジャンプしたり、空中での高さを求めるスポーツをすると身長が伸びる。迷信であろうことはうすうす気付きながらも、そんな淡い気持ちを完全に拭い去ることができませんでした。

そうした思春期なりの思いを持って、高校では、柔道からバレーボールに転身しました。バレーの選手の中では身長が低い方でしたが、セッターを頑張って、バレーボールにもかなり高校時代を捧げた感があります。背は伸びませんでしたが。

部活や合宿、文化祭に体育祭、生徒会活動。課外活動は学校生活の中心のひとつ。放課後は、課外活動の大部分を占める大切な時間です。

しかし、スタンフォード大学・オンラインハイスクールでは、世界中のなるべく幅広い地域に住む生徒をサポートできるように、米国西海岸時間で、午前6時から午後10時まで授業が行われています。

そのため授業のある日に「放課後」の時間をとることが難しい。

もちろん、Jim と Katie のように学校外での課外活動を選択することもできます。

しかし、「放課後」なしで、しかも生徒はそれぞれ違うスケジュール。学校内での行事やその他の課外活動はどのようにすれば可能か。


ズバリ、答えは学校のスケジュールの90度回転です。

通常の学校のスケジュールは月曜日から金曜日まで、朝から授業があって、午後の半ばに授業が終わります。それから「放課後」、部活動などの課外活動のスタートです。

そのスケジュールを90度回転したところをイメージしてみてください。

通常の学校の午前中から午後まで、月曜日から金曜日の授業時間を、月曜日から木曜日に割り当ててみましょう。その上で「放課後」に当たる夕方の時間が金曜日になるのです。

先ほど Jim と Katie の授業スケジュールを見た時に、金曜日が入っていなかったのはこのためです。

オンラインハイスクールの金曜日は、クラブ活動や、生徒会活動、その他生徒の課外活動がめじろ押しです。毎週金曜日の始まりには、その日のイベント一覧が全校に配信され、生徒は自分のスケジュールに合わせてオンラインの課外活動に参加します。

生徒の学習デザインに合わせるために1日の授業スケジュールが延びる。ならば、毎日の放課後をとっぱらって、金曜日を丸一日、「放課後」に。

そうすることによって、教師陣も金曜日を採点の時間に使ったり、次の週の準備に使ったりすることもできるので、一挙両得の制度改革になりました。

■テスト——評価のためのテストでは意味がない

さて、オンラインハイスクールの話をする時によくある質問は、

「テストはどうやってやるのか？」

というものです。

中間試験や期末試験、授業中によくある小テスト。

オンラインでテストをしようとすると、カンニングし放題なのではないか？

何せ、コンピューターとインターネットを使っているのだから、答えをインターネットサーチしたり、友達にＳＮＳで聞いたりできる。

そうした指摘はごもっともで、オンラインでテストをするのはかなり厄介です。

最近では、「オンライン試験監督」のサービスを提供する会社も数多く出てきましたが、おもに大学や資格試験などへの適用にとどまっています。


それでは、スタンフォード大学・オンラインハイスクールはどうしているのか？

まず、レポートや自由課題、テーマに沿ったプロジェクトなど、テスト以外の課題をふんだんに取り入れて、各コースのカリキュラムを作っていくようにしました。

極力テスト以外の形で評価を行って、要らないテストを取っ払っていったのです。


また、積極的に「オープンブック」のテストを活用しています。

「オープンブック」とは、文字通り、「本を開いて受けていい」ということです。

生徒は、テストを受けている時に、何を見ても構いません。与えられた時間の中で、与えられた問題に答えを出していく形のテストです。

生徒がインターネットで調べたり、教科書を見たりするだけで、答えを見つけられるようなテストは、暗記ベースの詰め込み型学習を助長しかねません。

学んだことを生かして、自分の考えを発展させたり、新たな問題を解決するエクササイズの機会となるようにテストを作ります。

プロジェクトや自由課題、オープンブックのテストの場合、特に心配になるのが、どこかのウェブサイトから剽窃《ひょうせつ》、いわゆる「パクり」をしたり、生徒同士で互いの答えを写し合ったりしてしまうことです。

そういう問題の対策として、ウェブサイトや他の過去に提出されたレポート、他の生徒が提出したレポートなどを検索して、剽窃を見つけ出すソフトウエアも開発されてきました。

それらの新しいツールを学校の制度の中に組み込みながらも、やはり、一番大切なのは、日頃からの教育の中で、剽窃やカンニングがなぜいけないのか、また、どういった帰結を招くのかを辛抱強く教え伝えていくことです。

特にアメリカでは引用の慣習などが詳細に決まっており、厳しいので、授業やリソースセンターを通して、生徒をサポートする仕組みを整えています。


そして、どうしても通常の形でテストが必要な時は、生徒が試験会場と試験監督を登録するシステムを使っています。

スタンフォード大学・オンラインハイスクールに入学すると、生徒はいくつかの試験会場を登録する仕組みになっています。地元の図書館や大学、その他、塾などの教育機関など、自分の地域で、試験監督を請け負ってくれるところを探します。

試験の日が決まると、生徒は自分で登録済みの試験会場で試験監督を予約します。

生徒の試験監督は、テスト当日に送信されるリンクからテストをダウンロードして、試験を実施し、終了後、答案をスキャンして、所定のサイトにアップロードします。

アップロードされた試験は、教員に送信され、採点される仕組みです。


このように私たちはテストを可能な限り取っ払ってきました。

確かに、そうした改革を行わなければならなかったのは、オンライン教育ならではの難しさも関係しています。

しかし、より重要なのは、どうしてテストをしなければならないかということです。テスト本来の効果が最も発揮される場合に限りテストをして、それ以外の場合にはより適切な方法を選ぶ。そうした教育方針で、テストを取っ払う改革を行ってきました。

■順位付け・偏差値——他人との比較から本当の学びは生まれない

それでは、生徒のプロジェクトやテストの成績の評価はどうしているのか？

レポート課題やプロジェクト。定期的な宿題。テストがあればテスト。授業への参加頻度や態度、コメントの質など。

教員はいろいろな視点から生徒を総合的に評価して、学期末の成績を出します。

個々の課題の評価や、学期末の成績はあくまでも、生徒が今後の学びにつなげていくためのものです。

自分の強みを理解して、改善すべきところを見つけ、今後の学びをデザインしていく。評価は学びの道具であって、他の生徒との競争の中で自分がどの位置にいるのかを把握するツールではありません。前章で論じたように、テストは実力を測る道具にはなりえないのです。

そのため、それぞれの課題やテストの評価にフィードバックをふんだんに盛り込む形の評価が主流になっています。

生徒はマルやバツ、点数だけでなく課題のそこかしこにちりばめられたフィードバックを見て、自分の強みや改善すべき点を具体的に把握することができます。

課題へのフィードバックは重要な指導ツールとして、常に教員同士での話し合いの重要議題の一つに設定されています。

教員からのフィードバックや評価が、どのような学習効果につながるかを具体的に意識しながら、生徒の課題やテストの評価を行うようにしているのです。

近年、アメリカでも大学受験戦争が激化しており、10代の自殺者数や精神疾患の数が急増しています。

競争を煽り立てるだけの評価方法は、生徒の学びを妨げてしまいます。

そうした視点から、スタンフォード大学・オンラインハイスクールでは、順位付けや偏差値を一切つけていません。


自分と他の生徒の学習到達度を比較することが、一体どのような学習効果につながるのかをもう一度考え直してみる必要があります。

「まだまだ上がいるのでさらに頑張ろう」

プレッシャーやストレスを感じるのではなくて、順位や偏差値からやる気を感じられる生徒は受験戦争の世の中ではラッキーかもしれません。

しかし、私たち教育者がすべきことは、競争心をたきつけることで、生徒のやる気を上げることではありません。

他の人との比較で得られるやる気では、持続的な学びに対する主体性は養えません。

こうしたスキルを身につけたい。これを知っておくべきだ。こっちはもううまくできるので、あっちの苦手分野にフォーカスしよう。

今後のための具体的な学びにつなげられるような評価の仕方を心がけ、あくまで生徒の学び自体のサポートとして成績を利用していかなくてはいけません。

「学校の定番」に執着せずに、求める学びの機会を作るためにやってきた取り組みをいくつかご紹介してきました。

しかし、これまでの伝統を見直すだけでは、良い教育は生まれません。壊した後に何を作り上げるのか。

次の章では、スタンフォード大学・オンラインハイスクールがオンラインであるにもかかわらず、アメリカ進学校トップにまで上り詰めた理由をさらに掘り下げていくことにしましょう。

第2章

なぜオンライン学校が全米トップになれたのか？

2000年代の後半から始まったオンライン教育ブーム。

「Massive Open Online Course（大規模公開型オンラインコース）」略して、MOOC（「ムーク」と読む）は、その火付け役となりました。

有名教授によるレクチャーやその他の教材に、世界中どこからでも、誰でも、いつでも、無料でアクセスできる。

MOOCは、新しい教育の形として、爆発的な人気と注目を集めて、一気に世界に広がります。

アメリカでは、ハーバードやマサチューセッツ工科大学（MIT）、スタンフォード大学などの有名大学もこぞってMOOCのオンラインコースを作成しました。

しかし、そうした新しい形の「教育」の問題としてすぐに指摘されたのが、修了率の低さです。大学生や社会人でも修了率が5〜15%程度だったのです。[24]

MOOCは録画レクチャーや優れた教材が素晴らしいが、実際の授業や学校での活動を完全に入れ替えてしまうようなものではない。いわば新しい形の「教材」であって、教育に必要な総合的なサポートを提供するものではない。

こうして、2000年代のオンライン教育ブームは、MOOCへの過大な期待から、より現実的な方向にシフトしていきます。その中で、スタンフォード大学・オンラインハイスクールなど、MOOC以外のオンライン教育の形も生まれていきます。

しかし、それまでの注目が大きかったために、ちまたには、オンライン教育といえば、MOOCというイメージが出来上がっていました。

そのため「オンラインハイスクール」と聞けば、MOOCを中学や高校に応用するという印象をもつのがごく自然だったのです。

スタンフォード大学・オンラインハイスクールに興味を持ってくれる、生徒や保護者も、懐疑的にならざるを得ませんでした。

「オンラインだと気が散ってしまい、うまく集中できなそう」

「教師や生徒とやりとりがなく、孤立してしまうのではないか」

「生徒の社会性を養うことができるか心配だ」

「友達はできるのか? 先生と話したりできるのか?」

こうした不安や疑問が学校に毎日のように送られてきました。

オンラインのバーチャル空間にリアルを超える学校を作りたい。現実の学校にどれだけ近づけるかではなくて、バーチャル空間だからこそできるような「リアル」を超えた学校を志すようになりました。

そのために一番のプライオリティーに置いたのは、学校のコミュニティーと生徒へのサポートです。

これまでの学校を超えるグローバルな学習コミュニティーを生み出すための仕組みを発展させてきました。

オンライン教育と教育テクノロジーの聖地シリコンバレーの荒波に揉まれつつ、既存の教育界に殴り込み。

オンラインの学校にもかかわらず、なぜ、伝統校を押しのけて、全米トップ校になれたのか。

本章では、その秘密を徹底的に解説させていただきます。

■世界初オンラインの「反転授業」とは?

低い修了率の問題は、冒頭のMOOCだけの問題ではなく、オンライン教育でしばしば指摘されてきた問題です。

例えば、チャータースクールは民間団体が公的資金で運営する学校で、アメリカで注目を集めてきました。近年、オンラインのチャータースクールが激増しましたが、そのうちの半数以上の学校で、高校生の落第率が50%以上になっています[25]。

また、コロナ禍でオンライン学習にシフトした学校で大きな問題となったのが、生徒たちがオンライン学習に参加しないことでした[26]。

しかし、こうした「失敗」はオンライン教育自体の失敗ではありません。

修了率、卒業率、参加率が低くなってしまうのは、オンライン教育そのものの問題ではなく、オンライン教育というツールの使い方の問題なのです。

例えば、第1章でも取り上げた「講義ベースの授業」はオンラインの環境では、修了率や参加率の低下に拍車をかけてしまいます。

オンライン授業では、コンピューターの画面上で、生徒は常にインターネットを使用可能。つまり、動画やウェブサイトの誘惑と常に隣り合わせです。

また、スマホでSNSをいじったり、居眠りしたりしていても、注意してくれる教師や周りの生徒は同じ部屋にいてくれません。

たとえオンライン授業にログインしたとしても、サボろうと思えば、サボり放題なわけです。

反対に、教師にとっても、オンラインの環境では、生徒がどこまで集中しているのかを把握するのが通常よりも難しく、講義にメリハリをつけたり、生徒に適切な注意を喚起する機会が失われてしまいます。

生徒の側が受け身になりやすく、学びのハードルが高い講義ベースの授業の特徴が、オンラインの環境では、さらに鮮明に現れてしまうのです。

つまり、講義ベースの授業とオンライン授業の組み合わせが非常に悪いのです。

ならば、講義ベースの授業ではなくて、生徒の授業への積極的な参加が促せる方法を使えばよい。

そこで、スタンフォード大学・オンラインハイスクールでは、少人数制の「反転授業」を採用しているわけです。

オンラインハイスクールのライブ授業は平均12人。

生徒は授業の前に予習をしなくてはいけません。講義ビデオやリーディング課題を通してその日の教材を授業の前に学んでおきます。

授業は予習を前提にディスカッションや演習問題に取り組む。グループでのプロジェクトなど、生徒同士のやりとりも活発です。

全ての生徒が積極的に授業に参加することが要求されるため、オンラインの環境でも、講義ベースの授業のように生徒が受け身に回ることを防げるのです。

また、そうしたセミナー型授業は、事前に教材を学んでいないと授業の取り組みに活発に参加することができないようデザインされています。

生徒がたとえ予習をサボりたいと思っても、少人数のグループ授業で参加できずに目立ってしまわないように、しっかりと事前の教材学習をするように動機付けられます。

反転授業のセミナーのライブ授業で、超参加型の指導をすることが「いつでもどこでも型」のオンライン教育の問題を解決するための鍵だと考え、「反転授業」の学校環境をオンラインの学校づくりのセンターゾーンに据えたのです。

当初、セミナーに参加できない生徒も受け入れていましたが、最初の数年でそれも打ち切り、生徒全員参加を義務化していきました。

反転授業のセミナー授業に参加しなくては、スタンフォード大学・オンラインハイスクールの授業に参加したとはいえないのです。

■柔軟なスケジュールと参加型のセミナーの合わせ技

ライブの参加型のセミナー授業を導入して、オンライン教育のメインストリームと距離を置く。少し聞こえがいいかもしれませんが、ある意味オンライン教育の利点を真っ向から否定してしまう危険性もありました。

オンライン教育の持つ「いつでもどこでも」の良さを完全に切り捨ててしまうのではなく、ライブのセミナー授業と適度な共存はできないか。

オンラインハイスクールの教育の目的は、世界中から生徒を集めて、「Design Your Learning」でそれぞれの生徒がそれぞれの学び方を追求できる機会を作ること。

生徒の住む場所も違えば、学習プランも違う、生徒の課外活動も尊重されている。そうした環境で、学習スケジュールの柔軟性は必須です。

ならば、柔軟性を保ちつつも、参加型のライブ授業をやっていくことはできないか。

柔軟性と参加型のセミナー授業の融合を達成するのに「反転授業」が大正解だったのです。

オンラインハイスクールの全課生は平均1日に2時間半ほどのライブ授業に参加します。その時は決められた時間に授業に出なくてはいけません。

逆に、それ以外の時間は、反転授業の授業外学習をして、次のライブ授業の準備をしたり、それ以外の課外活動や自分の予定に合わせた時間に充てることができるのです。

ライブ授業と授業外学習の適度な組み合わせで、自分の学習プランやその他の活動に応じてフレキシブルにスケジュールを作っていくことが可能になりました。

こうして、ライブの参加型セミナー授業と「いつでもどこでも」のオンライン教育を適度にドッキングさせることに成功したのです。


さらに、セミナーの有意義なクラス活動を通し、生徒同士が頻繁に触れ合うことで、学びのコミュニティーのユニットを形成していくことができます。

反転授業のライブのセミナー授業が、学校のコミュニティーを築き上げていく上で、最重要の役割を果たしてきました。

■子どもの才能を伸ばす「ギフテッド教育」の秘密

それでは次に、セミナーに実際に参加しているスタンフォード大学・オンラインハイスクールの生徒たちはどんな子どもたちなのかをご紹介していきましょう。

スタンフォード大学・オンラインハイスクールには、毎年、全体で800人から

900人の子どもたちが在籍しています。彼らの目標やニーズは非常に多様です。

アメリカトップの高校に行きたい。将来アメリカの大学への留学を目指している。家族のビジネスなどでいったんアメリカを離れているが、ゆくゆくはアメリカに戻る。スポーツや芸能などで活躍しており、世界中を飛び回っている。病気や障害などで通常の学校で学べず、自宅や治療施設で学ばねばならない。大学レベルなどを含めたレベルの高い教育を受けたい。

そうした生徒たちの中には「ギフテッド」と呼ばれる子どもたちが数多くいます。英語の「gift」には、日本語でいう「ギフト」「贈り物」という意味の他に、「才能」という意味があります。まさに天からの「贈り物」。この意味で才能や高い能力のある子どもたちが「ギフテッド（gifted)」と呼ばれています。

アメリカの教育関連の連邦法における「ギフテッド」の定義は以下になります。

学問、芸術、リーダーシップなどを含む特定の分野で、高い達成能力が確認され、そうした能力を十分に発達させていくためには、平均的な学校で提供されていない

サポートを必要とする児童[27]

ギフテッドな子どもたちのためにデザインされた教育が「ギフテッド教育」です。

オンラインハイスクールのあるスタンフォード大学は、アメリカにおけるギフテッド教育を長きにわたり牽引《けんいん》してきました。

１９９０年代前半、ギフテッドの子どもたちのサポートを目的とした教育プログラムがスタンフォード大学のパトリック・サップス名誉教授によって設立されます。「Educational Program for Gifted Youth（ＥＰＧＹ）」と名付けられ、文字通りギフテッドな子どもたち（gifted youth）のための教育プログラムとして人気を博します。

スタンフォード大学・オンラインハイスクールは、その一部として２００６年に設立され、当初の名前は「EPGY Online High School」でした。現在の名前になったのは、ＥＰＧＹがその歴史を終えた、２０１０年代に入ってからです。

そうした歴史から、現在でも、ギフテッドの子どもたちをサポートすることが、スタンフォード大学・オンラインハイスクールのミッションの一部になっています。

ギフテッド教育には大きく分けて2つの目的があります。一つ目は、ギフテッドの子どもたちが才能を伸ばせる学習環境づくりです。

才能があっても、適切なサポートなしにはその才能を開花できないことは、スポーツ選手が適切なトレーニングなしに自分の潜在能力を発揮できないのと一緒です。

もう一つの目的は、ギフテッドの子どもたちに固有な問題を理解し、必要なサポートをすることです。

才能のある子どもたちには、その才能が故に直面しやすい問題があります。

通常の授業が簡単すぎてクラスの中で浮いてしまう。考え方が独特で他の子どもが理解できない。自分の見方ややり方に執着して、他の生徒とうまくやれない。

通常の学校環境に適応するのが難しく、精神面での問題につながることもあります。

「2重に例外的」という意味の「Twice exceptional」を略して「2e」といわれる、特定分野での才能と精神疾患や学習障害が伴う子どもたちも存在します。

そうした子どもたちがギフテッドならではの問題に取り組みながら学んでいくために

必要なサポートを考えていくことも、ギフテッド教育の主要課題の一つなのです。

それぞれの生徒の可能性を高校という枠組みで制限せずに引き出して、必要なサポートをきめ細かく提供していく。

スタンフォード大学・オンラインハイスクールの大学レベルを含めた学術性の高い教育プログラムと「Design Your Learning」の精神が、ギフテッド教育の主要目的と深く共鳴しています。数多くのギフテッドな子どもたちが在籍しているのもそのためです。

しかし、ここで十分に注意が必要なのは、「ギフテッド」が一定の基準によって判定された「ラベル」にすぎないということです。

もちろん、そうした「ラベル」付けが生徒のニーズを表し、それを満たすために「ギフテッド教育」などの新たな知見が生まれることには意義があるでしょう。

しかし、本書の第4章でも論じるように、教育制度の中にちりばめられた「ラベル付け」がもたらす生徒の学びへの悪影響は真剣に考えねばならない重要問題です。

■情熱とやる気を感染させる教育熱心な博士たち

世界中から才能あふれる子どもたちがオンラインのセミナー型授業で一堂に会するスタンフォード大学・オンラインハイスクール。そのオンライン授業を教えている教員はどんな人たちなのでしょう?

オンラインハイスクールのミッションは「知的情熱にあふれた生徒と教師のグローバルコミュニティー」を作ることです。

物事に情熱を燃やしたり、知的な興味を持つということは、論理的に言葉で教えてできることではありません。

もちろん、有意義な知的体験をすることで、学びに対する熱意が湧き出てくるように、良質の教育プログラムを準備しておくことは重要です。しかし、それだけでは足りないのです。

情熱は周りから「感染」するもの。周りの情熱あふれた人々と触れ合うことで、生徒同士の情熱が感染し合う環境を作り出すことはできないか。

世界中から熱意と才能をもった生徒たちを集めることで、生徒同士で互いに感化され、動機付けられる「情熱の感染反応」の土壌を作り上げることができます。

その際「感染反応」の触媒として、大切なのが教員たちです。

スタンフォード大学・オンラインハイスクールでは「教育熱心な学者」たちを教員として迎えています。7割が博士号を取得している各分野のエキスパートで、その多くが大学で教鞭《きょうべん》を執ったり、研究者として活躍してきた経歴を持っています。

例えば私自身スタンフォードの大学で論理学を教えたり、研究をしていました。他にもMITやハーバードなど、世界屈指の大学で博士号を取得した教員たちが集まっています。

そうした「学者肌」の教員たちを集めていることは、大学レベルなどのアドバンスドな授業がうりである、スタンフォード大学・オンラインハイスクールの目的からして、ごく自然な選択です。

しかし、「学者肌」の教師が必要な最大の理由は、「情熱の感染反応」です。

そもそも、なぜ、MITで数学の博士号をとった後に、研究したり教えたりしたいと思ったのでしょうか?

有名IT会社に就職して、エンジニアとして活躍する選択肢だってあったはず。そうすることで、教師の給料の数倍を手にすることも可能です。

それでも彼らが研究や教育を選んだのは、彼らの自分の専門領域に対する思いの強さからです。金もうけも大事だが、肌に合わない。自分の興味を持った分野で、自由に考えて、自分なりの答えを出していく。器用も不器用も、それしかできない。

自分の専門領域に身を捧げる情熱と学びへの純粋さを彼らから体感する機会は、子どもたちにとって大きな財産になります。

ただ、ここで難しいのが、学問への情熱を燃やしていても、教えることに情熱を燃やしているかは別問題なことです。教えるのがうまいかどうかもさらに別の話。

生徒を「論敵」や「同僚」などと位置付けて、「一緒に切磋琢磨していこう!」と、教えることは何もしない偉い学者。「子どもじゃないんだから手取り足取り教えられるか! 自分で学ぶべし」などと決め込む教授たちもそう少なくないのが現実です。

それにもかかわらず、「学者肌」でありながら腕利きの教師の選抜をしてこられたのは、オンラインならではの利点によるものです。

通常の学校では、地域周辺で教師を選抜せねばならず、選抜可能な教師の絶対数が制限されてしまいますが、オンラインの学校ではそうした地理的制限がありません。全米のどこからでも教師を雇うことができるのです。

つまり、オンラインハイスクールの知的情熱を燃やす生徒と教師のグローバルなコミュニティーはオンラインだからこそ可能となりました。

生徒と教師、最高の人材を世界中から集めて、最高のマッチングをする。インターネット教材にいつでもどこでもアクセス可能にするのが目的ではないのです。人と人とを直接つなげて、濃密な知的コミュニティーを作ることが、スタンフォード大学・オンラインスクールのミッションなのです。

■活気ある学校コミュニティーをオンラインでつくる秘訣

しかし、情熱を感染し合う熱い生徒と教員をインターネットでつないだだけでは、活発な学校コミュニティーはできません。オンラインで真の学校コミュニティーを築くのはそう簡単ではないのです。

例えば、オンラインハイスクールでは、休み時間にクラスで友達とハングアウトしたり、廊下ですれ違った時に立ち話をすることができません。また、クラブや生徒会などの課外活動も、対面の課外活動とは一味違います。

伝統的な学校のデザインは、人と人が同じ物理的空間をシェアすることの利点を有効活用しています。廊下で雑談を重ねるうちに友情が生まれたり、クラスの活動をなんとなしに傍観しているうちに仲間と打ち込めるプロジェクトが見つかる。

オンラインの学校環境では、そうした「対面の力」を使うことができません。

そのため、少人数で、積極的な参加が促されるセミナー授業を学校コミュニティーの基礎として活用する戦略をとりました。

スタンフォード大学・オンラインハイスクールの授業は、他の生徒たちと、同じ興味や学習ニーズをシェアしながら、一緒になって情熱が注げるような空間としてデザインされています。そうした場所をサポートすることで、授業の中で生徒たちの有機的な関係性が生まれやすくなるのです。

「対面の力」が利用できる学校環境では、授業外での課外活動などを学校コミュニティーの基礎として位置付けることがしばしばあります。

クラブ活動や学校行事で豊かな人間関係を育み、良い学習環境とコミュニティーを作り出して、授業に生かして効率的な学びを生み出していく。

オンラインハイスクールのアプローチはそうした考え方とは全く逆の発想で、授業を起点として学校コミュニティーを作り出すというものなのです。

しかし、授業の時間だけでは、十分なコミュニケーションの機会を作り出せません。

オンラインの学習を考えるとついつい、教材や実際の授業にフォーカスしてしまいがちですが、授業外での仕組みも意識的に使うことが大切です。

生徒が授業で費やす時間は、全体の生徒の学習時間のほんの一部でしかないのです。授業以外の時間にも、グループ学習やプロジェクトなどの有意義な学習活動をすることで、つながっていられることが大切です。

そうした環境を作り出すのに、例えば、チャットのツールを活用して、生徒たちが授業外でも手軽につながっていられるようなシステムを作りました。各授業グループでチャットができるグループが準備されています。

授業でやったトピックを他の生徒と議論してさらに学びを深めたり、課題をグループワークしたりするのに、授業単位のグループチャットは効果的です。

もちろんそうしたものを準備しなくても、生徒同士が自発的にSNSなどを利用してつながることはできるのですが、オンラインの環境では、放っておいただけでは生徒同士のそうしたつながりが生まれにくいのが現実です。

そのために、通常の対面の学校空間よりも、意識的に生徒間のコミュニケーションの空間をデザインしていく必要があるのです。

こうした意識的なコミュニティーづくりの成果として、私自身誇りに思っているのは、スタンフォード大学・オンラインハイスクールの生徒たちの強いピアの精神です。

オンラインの学校ならば孤立してしまうのではないか。仲間はできるのか。そうした疑問や心配はさておき、生徒たちが口をそろえて言ってくれるのは、この学校に来て真の知的ピア、つまり、仲間が見つかったということです。

これまでの学校では、自分の興味や関心を深いレベルで共有し合う相手を見つけることができなかった。

スタンフォード大学・オンラインハイスクールでは活発な授業のコミュニティーを通して、本当の意味で、知的好奇心を共にする友人たちに出会えるのです。

■世界に一つだけ　究極のグローバル教室とは？

スタンフォード大学・オンラインハイスクールのコミュニティーのさらなる強みは、グローバルな学びの環境です。

毎年、世界30カ国以上、全米のほとんどの州から、生徒がオンラインハイスクールに在籍します。

学びを共にする仲間を通して、異なる文化や価値観にじかに触れることで、グローバルな視点や異文化交流に必要なスキルを養えるのです。


世界各地から生徒が集まる学校は、インターナショナルスクールやボーディングスクールなどで見られますが、スタンフォード大学・オンラインハイスクールでは生徒たちがそれぞれの国や地域に住んだまま学ぶことができます。

生徒たちが別々の場所にいながら学校活動をすることで、他にはない交流や学びの機会が生まれるのです。

例えば、アメリカ大統領選挙。州や地域で政治的傾向が違い、海外での取り扱われ方も国によって異なる。そうした理解をした上で、生徒がそれぞれの州や地域、国ごとの反応をディスカッションする。わが校の政治経済の授業でおなじみの光景です。

オンラインだからこそ可能となったグローバル教室の環境の中で、生徒はそれぞれの異なる体験を共有し、より濃厚な実感をもって、多面的に出来事を見つめる機会を得るのです。

また、生徒それぞれが違ったところに住んでいる中で日々の授業に参加するので、国際ニュースを議論しない時でも、グローバルな視点を意識し続けることになります。授業の中での発言や雑談で、それぞれの地域や文化の話が自然と出てきたりと、他の生徒が違う国に住んでいることを常に意識しながら生活していきます。

違う国で違う文化の中で違う考え方をもって暮らしているという事実を、常に実感しながら学びを進めることで、多様な価値観や考え方を前提としながら物事を考える心の習慣を養うことができる。究極のグローバル教室を実現することができました。

■オンラインだからこそ生徒指導は普通の3倍手厚く

オンラインハイスクールに、アクティブなコミュニティーが実現されているとはいっても、その環境になじんでいくには時間がかかります。

多くの生徒が伝統的な教室での対面授業に慣れているため、はじめのうちは、孤独を感じてしまうことも少なくありません。

教職員の側も、オンライン環境では、通常よりもさらに、授業外での生徒の活動が把握しづらいのも事実です。

また、家でのオンライン学習は、通常よりも意識してスケジュールの管理をしていかなければならないなど、子どもたちはオンラインの新しい環境でうまくやっていくためのさまざまなスキルを身につけていかなければなりません。

さらに、思春期を過ごしていく中で、心のケアももちろん大変重要な要素です。

つまり、オンラインだからこそ、そうした授業外での生徒への指導やサポートを、通常以上に拡大させなければならないのです。そうすることなしに、真の意味での学校をオンラインで作ることは不可能なのです。

アメリカでは、多くの学校で生徒指導のカウンセラーの制度が設けられています。生徒の心のケアや、学習スキルのサポート、進路指導などを専門にする職員です。

生徒1人にカウンセラー1人が割り当てられ、生徒の授業外のサポートを包括的にしていくのがスタンダードです。

オンラインハイスクールでは、通常のカウンセラーの役割を3つに分割して、生徒1

人に対して3人のカウンセリングサポートを割り当てます。1人は心のケアに、もう1人は学習プランのサポートやスキルのトレーニング、最後の1人は大学受験の指導に当たるカレッジカウンセラーです。

より多くの職員が生徒に関わることで、多面的で豊かなサポートを実現することができます。

教師と生徒のコミュニティーを支える生徒指導カウンセラーの制度がオンラインの環境ではことさらに重要なのです。

■日本とアメリカの大学受験の違いとは？

こうした分厚い生徒指導のサポートのもと、生徒たちは勉学と課外活動のバランスの取れた学生生活をデザインしていきます。

当然その重要性は生徒たちの大学進学にも及びます。

生徒たちの大学受験をサポートするのが前述のカレッジカウンセラーです。

カレッジカウンセリングは、日本語でいうところの大学進路指導のイメージとは大きく異なります。この点を説明するのに、アメリカと日本の受験を対比しましょう。

まず、日本の受験は生徒個人が自分自身を大学に直接売り込んでいきやすい「セルフマーケティング」方式になっているといえるでしょう。

入試で良い点を取ったり、高校や中学で良い成績を取れば、入学できる大学の選択肢が広がる。点数さえ取れれば、好きな大学に自分で自分を「売り込む」、つまり、マーケティングできる。いわば、「セルフマーケティング」式なのです。

一方、アメリカでは、それぞれの高校が、生徒たちを大学側に「売り込む」ことが不可欠です。

アメリカの入試は、成績やテストの得点などに偏重しない書類審査中心の方法がメインになっています。日本のように大学ごとの入学テストを行うことは非常にまれです。

書類審査では、高校での成績や共通テストの成績だけでなく、エッセイや課外活動、出願の動機、推薦状などが総合的に評価されます。

つまり、成績やテストの点数だけが高い「お勉強ができる」生徒でいるだけではダメなのです。

どのように成長してきて、面白みのある人間なのか。大学や社会にどのような貢献をし得るのか。大学の特色や文化にフィットしているか。将来の成長の伸びしろはどれだけあるのか。

生徒は自分の人柄やこれまでの活動をうまくアピールすることができなければなりません。そのサポート、いわば、生徒を大学側に売り込んでいくのがカレッジカウンセラーの大きな役割の一つです。

また、入学試験のない書類審査中心の入試では、生徒がこれまで通ってきた学校がどういうところであったかが、一つの最重要情報になります。生徒の成績がオール5であったとしても、学校自体の教育がしっかりしていなければ意味がありません。

高校の側はそのことをよく把握しているので、大学側により深く自分の学校を理解してもらえるようにリソースを投入していきます。

「この学校はこんなに素晴らしいところで、そこのこんなに素晴らしい生徒があなたのところの大学に行きたいのですよ」

大学側にそれぞれの生徒を売り込んでいくことに加えて、彼らが通う学校自体も売り込んでいく。それが、カレッジカウンセラーのもう一つの大役です。

日本のようにテストの点を稼ぐ「セルフマーケティング」だけではいい結果が得られないのがアメリカの大学入試の特徴です。

■ハーバード、スタンフォードに合格するために絶対必要なこと

私は、アメリカの高校の校長という仕事柄、しばしば、アメリカの名門大学に生徒を合格させるにはどうしたらよいかという質問を受けます。

私の定番の答えは、もちろん、カレッジカウンセラーです。

日本では、進路指導が教師に依存している現状があります。日本のテストや成績を重視する入試においては適切なサポートであるかもしれません。

しかし、アメリカの有名校が求める「エリート」のカレッジカウンセラーになるには、教育学博士を取得し、大学の入試オフィスでしばらく働くのが王道です。

そうしたキャリアを経ることで、評価する大学側の目線を理解しながら、生徒や学校をサポートできるのです。

英語のテスト勉強などに焦点を置く前に、カレッジカウンセリングのサポートを充実させることが、アメリカでの入試の成功への鍵なのです。

もちろん、スタンフォード大学・オンラインハイスクールでも、当初からカレッジカウンセリングに力を入れてきました。オンライン教育への懐疑的な目線のため、当初は、大学側から理解されにくく、カレッジカウンセラーたちも骨を折っていました。

それでも、素晴らしい卒業生たちが各大学に入学して結果を残していくうちに、大学側からも私たちの取り組みが理解されるようになりました。


世界中から集まるギフテッドな生徒と学者肌の教員が、反転授業のセミナーで情熱を感染させ合う。グローバル教室と分厚い生徒へのサポートの学校コミュニティー。

スタンフォード大学・オンラインハイスクールは真の学校コミュニティーをオンラインで作り上げた世界初の学校です。

それでは、そのオンラインの空間では何が学ばれているのか。

次の章では、世界屈指のスタンフォード大学が実現した、オンラインハイスクールの教育プログラムを大公開です！

第3章

スタンフォード大学で実現した「生き抜く力」の育て方

スタンフォード大学・オンラインハイスクールのミッションは、多様で知的情熱にあふれる生徒と教師のワールドワイドな学びのコミュニティーを創出することである。生徒は活発なセミナー型の授業と厳格なカリキュラムに挑み、分析的に論理づける力、クリエイティブに考える力、そして、批判的に論じる力を身につける。

授業の外でも、活発な生徒同士の課外活動が生徒や教師の間の継続的な関係性を築き上げ、学校のサポートにあふれた環境が生徒の独立性や強い個性、そして生涯学習の探究心を養う。

こちらは、スタンフォード大学・オンラインハイスクールの学校理念「ミッションステートメント」の前半部分の和訳です。「コミュニティー」「セミナー」、生徒の「独立性」や「個性」など、ここまでの章で見てきた「Design Your Learning」に基づいた教育改革や、コミュニティーの重要性などの精神が明確に記されています。

さて、このミッションステートメントには続きがあります。オンライン高校が「世界で唯一の高校」であり続けるための基本精神が箇条書きにされて締めくくりになります。

- スタンフォード大学・オンラインハイスクールの力の源泉は第一義的にその生徒と教師である
- ギフテッドな生徒、知的リスクをいとわない生徒、課外活動でも活躍する生徒たちのための学校である
- 専門分野に群を抜きながらも、オンラインの環境で生徒を教えることに情熱を持った教員たちが集まる学校である
- スタンフォード大学の一部であるが故、学びの先端を走る。生徒と教師、そしてスタンフォード大学という場所の結びつきによって、スタンフォード大学・オンラインハイスクールは唯一無二の学校たり得るのである

唯一の学校であれ

この基本精神がフォーカスをおく、生徒と教員についてはここまでも議論してきまし

た。本章では最後の項目の「スタンフォード大学の一部であるが故、学びの先端を走る」にフォーカスしていきます。

スタンフォード大学にあるからこそ実現可能だった教育プログラムとはどんなものなのでしょうか？

■リベラルアーツとSTEM教育の極上ミックス

分野を超えてイノベーションが生まれ、社会の大きな課題を解決していく。そうした考え方はスタンフォード大学の伝統的な精神の一部です[28]。

キャンパスに18の研究機関が設けられ、分野横断的な研究が多岐にわたって行われています。寿命、脳科学、医学の基礎研究を実用化するトランスレーショナル研究、経済政策、国際関係、行動科学などなど。理系から文系までさまざまな分野を横断した研究をサポートする機関が設けられています。

一つの分野に閉じこもると、その分野特有の見方に固執してしまう。他の分野からの視点を応用することで新たなブレークスルーが生まれやすい。

分野横断的な研究と、多分野的な協力がスタンフォード大学のイノベーションの原動力の一部となってきたのです。

スタンフォード大学・オンラインハイスクールはその精神を引き継いで、分野横断的な学習の機会をさまざまに作り出してきました。

例えば、この後のセクションでも、詳しく論じるように、哲学の必修カリキュラムは哲学ベースのカリキュラムでありながら、科学の異なる分野や法律、政治学などを取りいれた分野横断的なカリキュラムになっています。

その他にも、生物学博士と文学博士が教える、「性別とジェンダー」に関する講義。生物学的に「性別」とはどういうものなのか、また人文学的な視点から見た性別やジェンダーのコンセプトとはどんなものなのか。社会科学などの視点も織り交ぜながら、現代社会の重要トピックを議論していきます。

また、理系分野もSTEMプログラムを充実させてきました。

STEMとは「Science」(科学)、「Technology」(テクノロジー)、「Engineering」(工学)と「Mathematics」(数学)の頭文字を取ったもので、これらの分野の融合した総合学習プログラムのことを指します。

生物、化学、物理などのそれぞれの科目で、他の科目で学んだ知識を応用したプロジェクトに取り組む機会が用意されていたり、熱とエネルギーを切り口にさまざまな科学トピックを見ていくコースや、環境科学など、分野横断的なカリキュラムも発展させてきました。

数学においても、経済学や統計、さらにはコンピューターサイエンスなどの分野で、さまざまに分野横断的な知見やプロジェクトを扱うカリキュラムが設計されています。

そのかいもあり、スタンフォード大学・オンラインハイスクールがニューズウィークのアメリカのＳＴＥＭプログラムのランキングで3位にランク付けされたことは前述の通りです。

実験室も、フィールドトリップもないオンラインの学校にもかかわらず、こうした評価を得たことは奇跡的な快挙です。

この結果は学校としては誇らしいことなので、これまでもオンラインハイスクールの保護者たちとの会話でしばしば話題に上ってきました。

そうした会話の中で、私はいつも以下のように言うことにしています。

高校レベルで「Humanities（人文学）」のランキングはない。ＳＴＥＭとは対照的に、世の中で重要視されていないのは非常に残念なことだ。

スタンフォード大学・オンラインハイスクールはＳＴＥＭの学校として高評価をこれまでも得てきたが、本当の強みは実は「Humanities」なのだ。

もし全米だけでなく世界の高校に「Humanities」ランキングがあったとしたら、間違いなく世界一のプログラムに選ばれるだろう。

それだけ強力な「Humanities」のプログラムがＳＴＥＭプログラムと有機的に融合することで、一つの分野に凝り固まらない、ゲームチェンジングできる科学者や人文学者の卵が生まれる。

それがスタンフォード大学・オンラインハイスクールのプログラムの強みだ。

ハイレベルの人文学と科学が分野横断的に融合されたカリキュラムの中で、生徒たちは主体的に自分のデザインで学んでいく。
まさに、リベラルアーツの精神がスタンフォード大学・オンラインハイスクールの教育の中枢に走っているのです。

■哲学でゲームチェンジャーを育てる

そのスタンフォード大学・オンラインハイスクールのカリキュラムの心臓部分として位置付けられるのが、哲学をベースにした必修カリキュラムです。

スタンフォード大学・オンラインハイスクールを卒業する生徒は、高校の各学年で、通年の哲学必修コースを履修します。

中学や高校の中等教育レベルで哲学が必修になっているということが非常にユニークなため、全米でも注目を集めてきました。

「International Baccalaureate（ＩＢ）」などに代表されるように、哲学が高校や中学のカリキュラムの中核として組み込まれているプログラムもないわけではありません。

日本と同様、アメリカでも、学生が哲学を本格的に学び始めるのは大学に入ってからなのです。

実際、私が最初にスタンフォード大学・オンラインハイスクールのプロジェクトに惹かれたのも、高校生向けの必修カリキュラムを哲学ベースで作るという企画があったからでした。

しかし、そうした物珍しさだけではなくて、中等教育であるが故に、哲学をしっかりとやっておく必要があると考えてきました。

中等教育で、生徒たちはいろいろな科目でさまざまな分野の知識に触れていきます。どのような知識でも必ず前提となる世界観や物事の枠組みがあり、そうした背景なくしては該当する理論や見識が成り立ちません。

生徒たちは、それぞれの科目で分野ごとの専門知識に触れていくことによって、前提とされる世界観や物事の枠組みを、自分の世界観や考え方の一部として固定化させていきます。

つまり、学習を進めて、専門知識を身につければつけるほど、前提とされる価値観や枠組みに縛られていくことになるのです。

一方で、技術革新やグローバル化により、社会の仕組みや共通認識が、目まぐるしく変化する中、現在の自分の世界観から飛び出して、他の価値観を理解する力が必要とされています。

哲学の営みの中核は、物事の根本や前提を問い直して、考察することにあります。哲学の営みに親しむことで、現在のものの見方や考える枠組みから自分を解き放ち、急速に変化する社会の中で、揺るぎない自分の価値観を模索していく力を身につけることができるのです。

より深いレベルでの学習が始まる中等教育においてこそ、より柔軟な「哲学する力」を養い始めることが必要とされているのです。

決められた現在の枠組みの中でうまくやっていけること。いわば、すでにそこにあるゲームをうまくプレーする熟練のゲームプレーヤーになる力も大切です。

しかし、予測不能な現在、急速に変化する社会に必要な「生き抜く力」の鍵は、新たなゲームに適応する力と、新たなゲーム自体を作り出すゲームチェンジの力なのです。

スタンフォード大学・オンラインハイスクールの哲学必修は、哲学的に物事の前提や価値観の根底に立ち返って、現在の枠組みを超えた考え方ができる心の習慣を養うためのプログラムなのです。

■全米でも珍しい必修の哲学カリキュラム

ここでスタンフォード大学・オンラインハイスクールの必修哲学コースの内容をハイライトでご紹介しましょう。

まずハイスクールの1学年目、9学年（中3）の哲学必修は、統計と生物学を並行して学びながら、科学の方法論について哲学する分野横断的なコースです。

統計は、相関や回帰、確率分布など、科学に応用できる近代統計の基礎をカバー。生物学はフィールド生物学と遺伝子学を中心に学びます。

科学の発見、仮定、立証のプロセスはどのようになっているのか。科学理論がデータに合致するとはどういうことか。科学理論が実証されるとはどういうことか。

生徒は、実験やフィールドワークを通して、科学理論を実証する方法を体験していきます。

10学年（高1）の哲学必修は、科学史と科学哲学がテーマ。物理学、化学、数学、コンピューターサイエンスなど幅広い科学分野から、科学史の重要エピソードを厳選して、徹底的に詳細まで踏み込んで研究していきます。以下に生徒が実際に学ぶエピソードの例をいくつか挙げてみましょう。

- 古代ギリシャから地球が丸いことは立証されていた。どのような観察、理論、議論から地球が丸いことが立証されていたのか
- 周期表はメンデレーエフが発明した？　実は、何人も他に周期表を考案した科学者がいた。ではなぜメンデレーエフだけがはやし立てられるのか
- 万有引力の法則、$F=GMm/r^2$ はどのように導き出されたのか。ニュートンは木から落ちるリンゴよりも、星空を見ていた。科学データの誤差、近似、モデリングはどのようになされるのか

●光は波？　マイケルソン・モーリーの実験の「失敗」。相対性理論とその他の同値な理論が存在した。科学仮説が反証された時の理論的可能性の数々

科学理論はどのように立証されるものなのか。科学的思考や科学的判断とはどういうものなのか。科学のプロセスにはどのような社会学的な要因が関係するのか。

11学年（高2）のコースは科学から離れて、民主主義、自由、法の支配といった概念を学ぶ、哲学と政治理論の基礎コースです。

民主主義とは何か。自由と法の支配はどのように関係しているのか。社会や市民性の成り立ちにはどのような概念的背景があるのか。

ホッブズ、ロック、ルソー、モンテスキュー、バーク、トクビル、デューイ、ミル、ロールズ、サンデル。主な政治哲学者や思想家の文献に幅広く触れます。

また、実際の憲法訴訟の判決文や、政治家のスピーチなども読み解いていきます。現代社会の仕組みや営みが、どのような哲学的背景の上に成り立っているかを体感しながら学んでいくコースになっています。

12学年（高3）ではいよいよ哲学の問題を直接扱います。認知論、形而上学、倫理学、などなど、哲学の中心的なトピックや関連文献に親しむとともに、クリティカルシンキングのスキルを身につけることが目的です。古代ギリシャから始まり、中世、近代、さらには現代の哲学者の文献を幅広く読み、さまざまな哲学の問題に触れるコースです。大学の哲学入門のコースを1年間盛りだくさんに学んでいくイメージでカリキュラムが構成されています。

スタンフォード大学・オンラインハイスクールには、前述のようにアメリカトップのSTEM教育を求めて入学する生徒たちが非常に多くいます。そうした生徒たちがハイレベルな科学や数学を学びながら、哲学を学んでいく。好きな科目がSTEMから、哲学にかわってしまうこともしばしばあります。

そういう現象にちなんで、保護者に以下のようなことをいうことがあります。

「STEMでなく、哲学が好きになって、哲学者になってしまったらすみません」

収入や職の数では、哲学で身を立てるのは至難の業。STEMに進んで、エンジニアやソフトウエアプログラマーなどの花形の職業に就いてもらいたいという保護者の気持ちも想像できなくもありません。

■メンタルが強くて健康な子どもが育つ――ウェルネス授業

スタンフォード大学・オンラインハイスクールにおける「生き抜く力」の育成プログラムもう一つのハイライトは「ウェルネス・プログラム」です。

「ウェルネス（wellness）」とは、「良い状態」を意味する「well-being」と、身体的な健康を意味する「fitness」の2つの言葉を組み合わせて作られたコンセプトです。

米国ウェルネス機構によると、精神、身体、社会性、知性、感情、職業などを含め、私たち人間が、総合的に良い状態で充足していることを意味します。[29]

体が健康でも、先々の人生に不安があるかもしれません。良い人間関係に恵まれていても、持病に苦しんでいるかもしれません。健康で友人が多くいても、失業してしまい経済的な不安に直面しているかもしれません。

私たちが真の意味で「well」でいるかどうかは、私たちの心や体はもちろんのこと、その他もろもろの人間に重要な事柄に深く関わっているわけです。

現在では、「ウェルネス」はアメリカで大注目のコンセプトとなりました。医療や学校、ビジネスの場などで幅広く取り入れられている考え方です。

スタンフォード大学も２０００年代後半からウェルネス・プログラムを導入しました。「Bewell」という名前で親しまれ、多くの大学の教職員が利用しています。

私自身ももう10年以上にわたってお世話になっています。

今年のプログラムの概要は以下のようでした。

1. セルフアセスメント（自己評価）。健康や精神面、ライフスタイルに関する質問に答えながら、自分のウェルネスを振り返る。完了すると、スタンフォードのフィットネスクラスなどのディスカウントをゲット。

2. ウェルネス・プロファイル。健康診断と、ウェルネス・コーチによるカウンセリングで、自分の状況を詳しく理解して、ウェルネスの目標とそのための計画を立てる。完了すると200ドルもらえる。

3．ウェルネス活動。自分のウェルネス計画を進めていく。健康に関するワークショップや、フィットネスクラスを取ったり、自分のオフィス仲間と協力してウェルネス活動を行う。完了で260ドルもらえる。

4．ベリープログラム。ウェルネスの取り組みを一つ終えると、単位として「ベリー」を獲得できる。6ベリー獲得で100ドルもらえる。

お気づきの通り、各ステップで、金銭的なインセンティブがついてきます。職員のウェルネス・プログラムへの参加のモチベーションを上げたり、また、職員が健康で幸せに暮らしていることで、離職者が減ったり、職場での生産性を上げるなどの目的に基づいた仕組みです。

さらに、アメリカの健康保険の現状も関連しています。アメリカには日本のような一律の健康保険制度がないので、それぞれ個人で健康保険を確保せねばなりません。

そのため、会社の福利厚生で職員の健康保険がカバーされたりします。職員が病気がちだと、会社の支払う保険料も上がるので、会社にとっては大きな負担になります。

つまり、インセンティブを支払うことで、経費が増えるようでいて、職員が健康になることで保険料が抑えられ、逆に経費の削減につながるという見方もできるのです。

金銭的なインセンティブはさておいて、「ウェルネス」の考え方自体は、会社だけでなく、教育現場にも幅広く浸透してきています。

未成年者のうつ病の増加や自殺率の上昇。大学受験や人間関係、健康管理やストレス。学生たちにも、より厳しい社会の現実が突きつけられています。日本やアメリカだけでなく多くの先進各国で、同様の現象が見られてきています[30]。

そうした状況の中で、スタンフォード大学・オンラインハイスクールでも、ウェルネスのプログラムを展開していきました。特にオンラインの学校としては初の試みだと思います。

プログラムの主眼は、生徒が自分たちのウェルネスに関する適切な知識やスキルを得て、良い習慣を身につけることです。

まず、「ウェルネス」の基礎を学んだ後、ウェルネス・コーチとの定期面談をしていきます。

コーチのサポートやアドバイスを受けながら、人間関係や勉強に関すること、感情のコントロールやダイエットなど、自分のウェルネスに必要な事柄を生徒たちは主体的に考えていきます。

その上で目標と計画を作って、実際に自分に必要なスキルを身につけたり、心や体のトレーニング、習慣の改善などにも取り組みます。

定期的に自分のウェルネス活動を振り返る「セルフアセスメント」をしながら、自分の生き方やライフスタイルを考えて行動していく心の習慣が身についていきます。

ウェルネスに必要な知識と心の習慣を身につけて、自分のライフスタイルを主体的にデザインしていくスキルは、現代に欠かせない「生き抜く力」なのです。

■社会を「生き抜く力」を育む――ソーシャル・エモーショナル学習

「生き抜く力」を養う上で、「ウェルネス」と並び、重要視しているのがソーシャル・エモーショナル学習（Social and Emotional Learning）です。

頭文字を取って「SEL」と略称され、近年アメリカの教育現場で大きなトレンドの一つになっています。

直訳すれば「社会性と感情の学習」となりますが、まさに、自分や相手の感情を理解することによって、社会性を養うための知識やスキルを習得する学習です。


現在のSELのトレンドのきっかけは、1960年代に行われたアメリカのイェール大学のプロジェクトとされます。

イェール大学周辺にある低所得者の多い学区で、生徒の生活習慣を指導したり、生徒間での関係性や感情サポートのプログラムが導入されました。

すぐに生徒の社会性や感情に関する能力の向上が確認され、生徒の出席率が上昇したり、クラスや課外活動での生徒指導の問題が激減したのが確認されました。

それと同時に、なんと生徒の学力も大幅に上がったのです。つまり、生徒の社会性や感情をサポートすることで、学力の向上につながることが分かったのです。

これによりSELが全米にさらなる広がりを見せます。SEL研究が進み、新しいプログラムが考案され、学校現場でもさまざまな取り組みが見られるようになりました。

そうしたアメリカのSELのトレンドを牽引してきたのが「Collaborative for Academic, Social, and Emotional Learning（CASEL）」です[31]。

CASELは、SELを科学的なエビデンスに裏付けて、システマティックに学校のプログラムに導入していくのをサポートしてきました。

CASELの提唱するSELの枠組みはSELの能力を5分野に定義しています。

- 自分を理解する力（Self-Awareness）：自信をもって、自分の能力は伸ばせるものだと信じる成長マインドセットをもつ。自分の強み弱みを理解できる
- 自己マネージ力（Self-Management）：ストレスとうまく付き合う。自分の衝動を適切にコントロール。目標を設定して到達していくために動機を維持できる
- 他者を理解する力（Social Awareness）：多様な背景や文化の人たちを理解する。他人に共感したり思いやったりできる。互いの違いから新しい学びを得られる
- 人間関係スキル（Relationship Skills）：他の人とうまくコミュニケーションができ、相互協力できる。不健全な場の空気に流されない。対立を建設的に解決できる。他人

に助けを求めたり、自分から他人を助けることができる

- 責任ある意思決定をする力（Responsible Decision-Making）：自分の行動や、他人とのやりとりで、倫理的基準や安全性に基づいて、建設的な判断ができる

これらCASELの5つの力は、スタンフォード大学・オンラインハイスクールの「生き抜く力」の教育の基礎となっています。

まず、生徒はSELについて、社会性や感情についての知識やスキルを学びます。人間の社会行動や心の働きを心理学や脳科学の観点から学び、社会性や感情の働きに関する知識を得ていく。さらに、ストレスマネジメントのテクニックを学んだり、セルフアセスメントで自分の心を振り返る習慣を養います。

しかし、いくら頭で理解しても、社会性を身につけたり、感情をマネージする力を得ることは難しい。そのため、SELの授業による知識やスキルの習得と同時に、日々のオンライン授業の中にもSELをサポートするカラクリをこっそりとちりばめています。

例えば、セミナー授業では、他の意見を尊重しながら自分の意見を述べる機会が生まれ、対立をうまく解決する能力が身につきます。自由プロジェクトは、他の生徒とのコ

ラボの仕方を学んだり、目標や計画を立てるスキルの習得にもつながります。

SELのカリキュラムで学んだ知識やスキルを、生徒が日々の学校生活の中で効果的に応用していけるような機会を意識的に作り出しているのです。

スタンフォード大学・オンラインハイスクールは、カリキュラムと日々の授業の両輪でのダブルサポートにより、オンラインでのSELを可能にしたのです。

こうしたオンラインでのSELの成果は、全米の教育学会などさまざまな場所で注目されてきました。[32]

■「やればできる！」が肝心な理由

それではここで、先ほどのCASELの5能力の一つ「自分を理解する力」の中にも登場した成長マインドセット（growth mindset）のサポート実践を具体例として取り上げてみましょう。

スタンフォード大学の教育学教授であるキャロル・ドゥエックはミリオンセラー著書

『マインドセット「やればできる！」の研究』で「成長マインドセット」という言葉を世に知らしめました。

成長マインドセットとは、自分の知性や能力が成長（growth）すると考える心構え（mindset）のことです。

例えば、「今日はできなかったけど、努力すればできるようになる」は成長マインドセット。

反対に、「僕はどうせ能力がないので頑張ったって何もできません」なんていうのは、「固定マインドセット」と呼ばれます。

自分の知性や能力がもともと生まれ持ったもので、努力を重ねても変わらない、固定された（fixed）ものであるとする心構えのことです。

ドゥエック教授のマインドセット研究は成長マインドセットと私たちの心や行動の関連を明らかにして、近年人気トレンドの一つとして多くの教育学者や心理学者が研究するようになりました。

成長マインドセットの成長する知性や能力のイメージは、近年の脳科学にも裏付けられています。

われわれの脳は驚くほど柔軟で、成人してからでも適切なトレーニングで、全く新しい知識や不可能と思われたスキルを身につけたりできるのです[33]。

脳のプラスティシティー（可塑性）として、脳科学での研究が積み重ねられてきました。

今できなくても、練習していけばできるようになる。脳はそうなるように柔軟に学習していけるのです。

そうした脳のプラスティシティーを意識して、成長マインドセットを持つことが、私たちの心や行動に良い影響をもたらすことを、ドゥエック教授や他のマインドセット研究者たちが明らかにしてきました。

成長マインドセットをもっている人は、新しいことに挑戦し、苦境にも忍耐強く、周りからの批判や他人の成功例などから学びを効果的に得ることができるのです[34]。

これまでの成長マインドセットの研究は、具体的な学習効果との関係も明らかにしてきました。成長マインドセットが成績を上げるのです。

例えば、アメリカの高校生1万2500人を対象に行われた成長マインドセットトレーニングに関する報告があります[35]。

生徒たちはまずはじめに人間の脳のプラスティシティーに関する脳科学の研究結果を学びます。

その上で、学んだ脳科学の知見を活かして、人間の知性や能力が大幅に改善されうることを他の生徒に説明したり、ディスカッションしたりして、さらに成長マインドセットの精神を内面化させていきます。

以上の要領で、全体として25分間のトレーニング。これを一定期間をあけて、2回行いました。

この実験の結果、トレーニングを受けた生徒たちは受けなかった生徒たちよりも、成績が上がったのです。ことに成績が低かった子どもたちのグループでより大きな変化がありました。

また、平均点だけではなく、その後の選択科目でより難しいものにチャレンジしたりする傾向もマインドセットトレーニングを受けた生徒たちに見られたのです。

■成長マインドセットを育む方法

この実験のトレーニングのように、最新のマインドセット研究は生徒の心構えを成長マインドセットに変えていく方法をいくつも提案してきました。

スタンフォード大学・オンラインハイスクールでは、そうした方法のエッセンスを授業や課題の中に組み込んでいます。

まず、脳のプラスティシティーなどの脳科学の研究成果を積極的に取り上げて、生徒たちが成長マインドセットのイメージを持ち、固定マインドセットに陥らないようにサポートします。

さらに、教師自身が成長マインドセットを体現できるように心がけています。教師が固定マインドセットでいると、生徒も固定マインドセットに陥りやすいことがわかっているからです。[36]

また、さりげない日常の指導の中にも成長マインドセットを促す仕掛けをちりばめています。

例えば、課題のやり直し。生徒がレポート課題を提出。教師は評価とフィードバック。その評価とフィードバックを考慮して、生徒は提出済みのレポートを改善して再提出します。再提出で評価が上がれば最終の成績は再提出のレポートのものが採用される仕組みです。

生徒に改善するための「再提出」の機会と、それを動機付ける「再評価」のインセンティブが与えられます。

多くの場合教師からのフィードバックやアドバイスに応じてレポートを改善していくため、より高い評価にたどり着くことができます。

そうしたプロセスを経ることで、生徒が、「私は85点のB評価の生徒だ」と固定マインドセットに陥り、努力をやめてしまわずに、「B評価だったけども、弱点を克服して、Aの評価に上げることができた」という成長マインドセットを養っていくことができるのです。

このように生徒の成長マインドセットを養う努力の一方で、生徒のそのマインドセットをへし折らない気づかいも必要です。

特に、教師や親の何気ないひとことで、生徒に固定マインドセットを植えつけてしまい伸びるはずの生徒の才能を潰してしまいかねないのです。

次章では、子どもの才能を潰さずに、大切に育んでいくために、私たちが知っておくべき8つのTIPSをご紹介します。

保護者として、教師として、子どもの才能を咲かせたい。最新科学がはじき出した「天才の作り方」一挙公開です！

第4章

子どもの才能の伸ばし方

――8つの正解TIPS

アメリカの米国ギフテッド児童協会（National Association for Gifted Children：ＮＡＧＣ）のカンファレンスは、私が毎年欠かさず参加する行事の一つです。

２０１９年のカンファレンスで、ＮＡＧＣ会長のジョナサン・プラッカー教授は、天才に関する2つの誤った通説について語りました。

1つ目の「通説」は、「天才は放っておいても天才になる」。

頭が良い子は、どうしたって、勝手に学んでいく。天才児は天才だから教える必要がない。ごく自然な「天才論」ではないでしょうか。

しかし、ギフテッドな天才児も、適切な教育やサポートがなければ、才能を開花させることができないのです。

身体能力が抜群でも、適切なトレーニングやサポートを積んでいかなければ、オリンピック選手にはなれません。

学習も同様で、子どもの適性や才能に見合った学習環境とサポートが必要です。

2つ目の「通説」は、「天才は成績が良い」。

「天才」＝「成績が良い」。天才なのだから、他の子どもたちよりも学びが早く、成績もいいはず。これもかなり自然な「天才論」の一部でしょう。

しかし、天才も適切なサポートを受けてきていなければ才能が開花しておらず、現段階の成績が悪いかもしれません。

つまり、成績が芳しくないということは、その子どもが才能や適性に見合った学習サポートを受けてこなかったことを意味しているにすぎないのです。

子どもたちの才能は多様で、公教育の枠組みに合っていないような天才たちが数多くいることは、これまでのギフテッド教育の研究成果からも明らかです。

特に才能の抜きんでた子どもたちは、成長の早い段階から柔軟に考えたり、物事の枠組みから抜け出して考えることができます。

しかし、そうした子どもたちの突出した発言や行動は、残念ながら、横並びの公教育の現場では排除されてしまいがちです。

そうなると子どもたちは積極的な学習をストップしてしまい、成績も悪化、さらに学習の意欲が削がれるなどの悪循環に陥ってしまいます。

子どもの才能をいかに早い段階から見いだして、適切な学習環境を提供していくか。天才の卵も放っておくだけでは天才になれません。適切にサポートをしながら育ちを温かく見守って、才能を養っていくことが必要なのです。

そのために本章では、子どもの才能を伸ばすサポート術をご紹介します。

前述の教育の間違った常識の改め方からさらに一歩進めて、積極的に子どもの才能を伸ばすサポートをするための8つの「正解ＴＩＰＳ」を一挙公開していきます。

■ＴＩＰＳ１　教育でなくて学育を
――学ぶ側の子どもたちに焦点をシフトさせる

まず、**「学育」に視点をシフトする**ことが、子どもの才能を伸ばすための最重要ヒントです。

この「学育」というコンセプトは、私がこれまで提唱してきた考え方で、従来の「教育」という言葉に対比したものです。

「教育」という言葉はしばしば教える側の視点に傾きがちです。

教育とは、教師が子どもを「教え育てる」こと。そのために教師は何をしたらよいか。講義の内容は適切か。カリキュラムや授業方法は効果的か。

教師や教材、教育方法など教える側に焦点が置かれて、学ぶ側の子どもを「教えられる」受け身の存在として捉えてしまいかねません。

しかし、「教育」の最終目的は、生徒が学ぶことのはずです。教師がうまく教えることでも、良い教材を作ることでもありません。

熟練した教師が最良といわれる教材でベストの授業をしても、それを受けた子どもが実際に学ぶことができなければ、全く意味がないのです。

私たちにできることは、たかだか、子どもが本来持つ学ぶ力をサポートしていくことであって、それ以上ではありません。

教える側に偏った「教育」の視点を、学ぶ側へフォーカスし直しましょう。

子どもが「学び育つ」という視点を意識して、子どもがベストで学べる学習条件をサポートするのが、私が提唱する「学育」のコンセプトです。

「学育」で、学びの主体である子どもを中心に考え、その子どもにフィットする学習条件を模索しましょう。

いいと評判の教育方法でも、子どもにフィットしていなければ意味がありません。子どもの側を教育法に無理やりはめ込もうとしてはいけないのです。

意識すべきは、教育法や教材がいかに高い評価をえているかということではありません。

教育法や教材のいい評価は、他の子どもたちに効果があったということに過ぎません。つまり、あなたの子どもに同様の効果があるとは限らないのです。

評価の高い教材や教育方法を探すのではなく、子どもにフィットした学習環境を探すという意識を、常に持っておきましょう。

「学育」と「教育」のベストミックス

しかし、ここまでくると、なんだか腑に落ちにくいかもしれません。

「学育」で学び育つことをサポートするというのは分かった。しかし、それは、われわれは子どもにものを教えてはいけないということなのか。学ぶ人間の本性に任せるだけで、子どもを野放図にしておくだけでいいのか。いいわけがない。

こうした疑問や反論も自然なものです。

「学育」は、けっして教えることの必要性を否定するものではありません。教える側に偏りがちな「教育」の視点を、学ぶ側の子どもに改めてフォーカスし直して、新旧含めた教育、学習の方法を積極的に再検討しようと呼びかけるものです。

これまでの教育方法の生かせるところは生かさなければならず、序章で見たように丁寧に教えることが危険性をはらむからといって、全く教えてはいけないというのでは現実味がありません。

反対に、教えることが子どもの学びをサポートしていく上で必要であるがために、それに内在された根本的な危険性を意識しておくべきだというメッセージです。

つまり、教える側に偏重した「教育」と、学びの主体性を重んじる「学育」は、互いに補完し合う視点なのです。

教えることなしに学びは成り立たず、学びを考えずに教えることは成り立ちません。

それ故学校や教育者は、「教育」と「学育」、両方の視点を合わせたベストミックスを模索する必要があります。

学校の目的や経済的リソース、それぞれの子どものこれまでの学びの軌跡や現在の動機付け。全ての学校や生徒に効果的なベストミックスはありません。万能な教育、学習方法は存在しないのです。

私たちが向かうべき理想の形とは、単一の教育法や学習サポート方法に頼ろうとすることなく、学ぶ主体である子どものダイナミックな変化や成長を注意深く観察し、彼らの学習条件を最適化するためのサポートを試行錯誤していくことなのです。

教える側の視点に偏重してきた近現代教育は転換期を迎えています。

主体的な学びへのシフトを促す教育トレンドが加速しており、それぞれの学校や個人のベストミックスとしての教育ソリューションはどんどん「学育」側に寄ってきていて、その勢いは今後も続いていくことでしょう。

いま一度「学育」の視点を意識的に取り入れることが子どもの才能を伸ばすためのはじめの第一歩です。

■TIPS2　ステレオタイプの脅威に気を付ける

子どもの主体的な学びをサポートしていく上で、教育方法や教材を決めつけてはいけないのと同様に、**ステレオタイプを子どもに押し付けない**ことに注意が必要です。

「あなたは文系脳だから、数学ができないもんね」
「XYZちゃん、小さい頃から国語ができたよね、女の子だもんね」
「お父さんに似て勉強が得意ね」
「あんた、一浪して現役生より年寄りで記憶力が劣るから、人一倍努力しなさい」

こうした何気ない声かけが子どもに決めつけのレッテルを貼ってしまいかねません。

スタンフォード大学の心理学クロード・スティール教授らの実験を皮切りに幅広く研究が進められた「ステレオタイプの脅威（Stereotype Threat）」という現象があります。

「ステレオタイプ」とは、社会の中で、人種や性別、年齢などの属性によって決めつけられた評価のことです。

この人種はあの人種よりも身体能力が高い。男子の方が理系分野で優秀である。高齢者は記憶力が劣る。

ネガティブもポジティブも含めて、人種や性別などとの相関が見られないことが科学的に立証され続けても、根強く社会に残る「ステレオタイプ」が多く存在します。

「ステレオタイプの脅威」とは、私たちがネガティブなステレオタイプを意識することによって、ステレオタイプ通りの悪影響が現れてしまうという現象です。

例えば、スティール教授らの実験では、知性に関するネガティブなステレオタイプを意識することで、生徒の成績が実際に下がってしまうことが明らかにされました。

アメリカ社会では、アフリカ系アメリカ人が知的に劣っているというネガティブなステレオタイプが存在してきました。

スティール教授らの実験では、被験者であるアフリカ系アメリカ人の生徒たちが2つのグループに分かれて同一のテストを受験しました。

試験前に、グループ1は「これから知能テストを受験してもらう」、グループ2は、「単なる実験用の問題集を解いてもらう」、とそれぞれ告げられます。

実際のテストの結果、知能テストであると告げられたグループ1の成績は、実験用問題集と告げられたグループ2の成績より30％以上も下回ってしまったのです。[37]

つまり、知能が劣るというネガティブなステレオタイプを意識してしまうような条件でテストを受けると、実際に成績も下がってしまう。

言い換えれば、ネガティブなステレオタイプを意識することが、ネガティブなステレオタイプを実現してしまうのです。

この他にも、女性は理系に向かないというステレオタイプの脅威で、女性が、女性であることを意識して数学のテストに臨むと、意識しない場合より、成績が下がってしまうなど、[38]様々な、ステレオタイプの脅威が存在することがこれまでの研究により明らかにされてきました。

レッテル貼りを回避すべき理由

子どもをサポートする時、この種の現象が実証されていて、似たような現象が起こり得るのだということを意識しておきましょう。

子どもを決めつけて、ある一定のレッテルを貼ってしまうと、そのレッテルを子どもが意識するあまり、子どものパフォーマンスや考え方に悪影響が出かねません。

例えば冒頭の「あなたは文系脳だから、数学ができないもんね」は、「ステレオタイプの脅威」を意識すると、禁句に近い言葉になります。

子どもを文系と決めつけて、さらに、「文系は数学ができない」というネガティブなステレオタイプを意識させ、実際に数学の成績が下がってしまうかもしれません。私は文系だから数学ができないと思ったら、その通りになってしまいかねないのです。

同様に、冒頭の「あんた、一浪して現役生より年寄りで記憶力が劣るから、人一倍努力しなさい」というのも、「一浪」や「年齢」によって、ネガティブなステレオタイプをレッテル付けているため、文系脳コメントと同様の理由で禁句になります。

さらに、ネガティブだけでなく、ポジティブなステレオタイプにも注意が必要です。

例えば、冒頭の「XYZちゃん、小さい頃から国語ができたよね、女の子だもんね」「お父さんに似て勉強が得意ね」などのコメントはポジティブではありますが、性別や血筋などの生まれ持って与えられた事柄にレッテルを貼ってしまっています。

自分がすでに与えられた、変えることができない属性に対するポジティブな期待は、必要以上のプレッシャーになりかねません。

今後国語ができなかったり、勉強が得意でなくなってしまった場合に、女性であることやお父さんの子どもであることをどのように感じるでしょうか。

「女なのに国語ができないなんて」「お父さんの子なのに」

変えられない自分の生まれ持った属性を肯定するために、大きなプレッシャーを感じながら国語や勉強に向き合っていかねばならず悪影響が出かねません。

子どもを優しくサポートするかのようなポジティブなステレオタイプも、看過し難い危険性をはらんでいることを肝に銘じておきましょう。

■TIPS3　間違えに萎縮しない力を育てる

このような学育の考え方の基本は、子どもが間違えた時の声かけにも必須です。子どもが間違った時、ネガティブな言葉でまくしたてれば、萎縮させてしまい、学ぶ姿勢に悪影響を及ぼします。**学ぶ姿勢をたたえて間違えに萎縮しない力を養う**ためのサポートを心がけねばなりません。

間違えることは学ぶために必要かつ効果的な経験です。間違えは自分の能力やスキルを改善するチャンスだと、ポジティブに捉えられるようにサポートしてあげましょう。

最新の脳科学では、子どもが間違えた時に、脳の働きがより活発になり、高い学習効果が得られることが明らかになってきました[39]。

つまり、子どもを萎縮させて間違えを避ける習慣をつけさせると、効果的な学習機会を逸してしまうことになります。

では、具体的にどういう点を意識すればいいのか。次の叱り方から学びましょう。
「そんな簡単な問題、なんでできないの。がっかりよ。もう一回やってみなさい」
ひどい叱り方のようでいて、似たような言葉がしばしば口をついて出てしまうもの。改めて、このような叱り方のダメな点を考えてみましょう。

まず、「がっかり」などと、叱る側のネガティブな主観を表現してはいけません。頑張って問題に取り組んだのに、その努力が生み出した結果が、目の前にいる大切な人をがっかりさせている。そう感じさせては、学習への意欲を削ぐだけです。

子どもをほめる時は「すごい」「うれしい」等々の主観的な感情を表す言葉を使うのはOKですが、子どもが間違ったり、学習の評価が基準に達していない場合には、主観的な表現を避けましょう。

より客観的な視点からアプローチして、どこがどのように間違っているのかを説明して、子ども自身で次のステップに進めるように手がかりを与えることが大切です。

次に「そんな簡単な問題」と決めつけてはダメ。「簡単」だからできなければならない。しかし、自分にはそれができない。そう思ってしまったら、勉強が嫌になってしまうのも当然です。

声かけをした人にとっては簡単な問題だったのかもしれませんが、難易度や学習教材のレベルは、子どもの現在の進度や能力を基準にしなければいけません。

教材が子どもの現在の進度に合っているのかいないのか。合っていないのならば、子どもを叱りつけ、教材のレベルに到達していないとけしかけては逆効果です。

むしろ、必要なレベルに達するための具体的なサポートを考えたり、現在の教材が子どもにフィットしているかを再評価してあげましょう。

さらに、アドバイスもなく「もう一回やってみなさい」と迫るのも要注意。

反復練習が必要な学習過程もありますが、一度できなかったものを単に繰り返すように指示するだけでは、期待する結果が得られるどころか、できないことで、学習への嫌悪感を焼き付けてしまいます。

もう一度というのであれば、2回目にチャレンジするためのアドバイスをしましょう。次のステップをサポートしてから、再挑戦を促すべきです。

子どもが間違えた時、まずは、間違えは学習に取り組んだが故に起き得たのだということを意識して、子どもがその問題にチャレンジしたこと自体をほめましょう。

教材のレベルが高かったにもかかわらずチャレンジすることができたことや、間違いをしたことから新たな学びを得る機会ができたことなどについて、ポジティブに言及してほめることが、効果的なサポートになります。

子どもが間違えた時の声かけのコツ

以上、子どもが間違えた時の声かけのコツとして注意する点を箇条書きでまとめておきます。

A. 間違いは最高の学習の機会であることを伝える。
B. ネガティブなステレオタイプを使わない。
C. ネガティブな主観を表さない。どこが間違えか客観的に示す。
D. 問題が子どもの学習進度にフィットしているかどうか考える。
E. 再挑戦の際には、やり方の方向性をアドバイス。

F．チャレンジしたことをほめたたえる。

これらを意識して、冒頭の叱り方を学育的に吹き替えると以下のようになります。

「難しかったね。でも、よくチャレンジしました。ここが、こうこうなので、ああしなくてはいけない。これこれこの点に注意して、こっちの問題をやってみたらどう？」

また、子どもが問題に取り組んで間違えるのではなく、「分からない」と報告するような状況もあります。その場合も、これまでの点を応用しましょう。

何かが分からないということが分かるのは、その何かを考えてみたから分かること。まずはその姿勢を認めてあげることから始めましょう。

その上で、問題の考え方をアドバイスしたり、ヒントを出したりしてあげましょう。

さらに、「分からない」が、単に、その課題をやりたくないという意思表示の場合もあります。そう判断したならば、現在の学習方法や条件が子どもの学びにフィットしていないと仮定して、変えられる点を変えてあげる努力をしましょう。

■TIPS4 子ども自身が話して、決めて、考える機会をたくさんもうける

子どもが間違いに萎縮しないように、物事に取り組む姿勢をほめるのと同時に、子どもが主体的に学べる機会を積極的につくりましょう。自分の考えを表現できる。自分で予定やプランを決めて、自分の学びを舵取りできる。じっくりと思考できる。

これまでも述べたように、従来の講義ベースの授業に代表される学習環境は、受け身で学ぶ姿勢を促してしまいます。

そのため、意識して、子どもが**主体的に表現、決定、思考する機会をふんだんに取り入れる**ことが理想です。

まず、子どもが自分の感じ方や考え方を表現できる機会を小まめに作りましょう。

一方的にこちらから長々と話しかければ、必然的に子どもは受け身になってしまいま

す。

あくまで、話し手は子ども。自分はうまい聞き手。

「アクティブ・リスニング」で、聞き手としても会話に積極的に参加しながら、子どもの話をまとめて繰り返したり、質問したり、共感を示したりすることで、子どもが自分の考えを表現しやすい対話を心がけましょう。[40]

こちらが、説明すべきことがある時は、いくつかのポイントに分けます。

ポイントごとの説明の後に、内容をまとめて繰り返させたり、その内容についての質問をさせたり、子どもが自分の理解や考えを表現できる機会をサポートします。

長い説明をして子どもが受動的な聞き手に回らないように、小まめに話す機会を演出して、自分と子どもの間で「アクティブな対話」ができるのが理想です。

つまり、自分が話し手に回る時は、子どもの方に「アクティブ・リスニング」をさせるようにするのです。

その目的で、子どもに前もって、自分の説明の後に、コメントを準備させるのも効果的です。「まとめを繰り返してもらうから」「一つ質問してもらいます」などと伝えてから説明を始めます。子どもは目的を持って話を聞くことでより集中できます。

読み書きのコミュニケーションについても似たようなことがいえます。

いきなり本を一冊読んで、感想文を書けというのではハードルが高すぎる。

そのため、章ごとに質問や課題を与えるなどして、できる限り頻繁に表現の機会を与えることが効果的になります。

また、読み書きを口頭のコミュニケーションと組み合わせるのも効果的です。

生徒と「アクティブな対話」をしている時に、時にはあなたの質問に対する答えや、説明した内容のまとめを書き出してみる機会を作ってみるのもいい方法です。

実際の生活のコミュニケーション現場では、さまざまな表現のやり方が入り交じり、子どもたちはその中で適切な表現を選ばなくてはなりません。

自分の考えや感じ方を表現する機会を通して、自分を表現する力を磨き、自分をより深く理解することができます。そうすることで、より積極的な学びの姿勢を養えるのです。

自分で決めて考えられる子どもになる環境づくり

「自己表現」の機会に加えて、子どもが「自己決定」できるようにサポートしてあげることも大切です。

子ども自身が自分の学習の環境づくりに積極的に参加したり、目標や学習プランを決定する機会を増やしていきましょう。

子どもの状況に合わせて段階立てて練習することが大切です。最初は次に取り組む問題やページの選択など、簡単な選択をさせることから始めます。

徐々に難易度を上げて、学習の目標設定やそれに合わせた学習計画を立てられるようにサポートしていくのがいいでしょう。

後ほど、目標と自己評価の鉄則もご紹介します。

また、個々の学習の場面でも、子どもに課題の選択肢を与えるなどして、小まめに決定の機会を与えていくことが効果的です。

クラスの課題で自分のプロジェクトの題材を決められる。質問に答える時に前もって伝えられたいくつかの質問のリストから選べる。口頭で説明するか、書いて説明するか選べる。

選択肢を与えて子どもが自分で選ぶ心の習慣をつけましょう。

さらに、自分の頭でじっくりと考える機会をふんだんに用意しましょう。学んだ題材をじっくりと考えて、新しい問いを立て、さらに理解を深めていく。積極的な思考のくせをつけていくことが大切です。

例えば、子どもに、その日に学習したことを説明してもらい、質問を投げかけていくことで、じっくりと考える習慣やきっかけを引き出せます。

- **「例えばどんなこと?」(具体例を考える)**
- **「どうしてそうなる?」(理由や根拠、前提を探る)**
- **「反対の意見はどんな?」(反対の立場を想像する)**
- **「似ているのはどこ?」「違うのはどこ?」(共通点や違いを見つける)**
- **「そうするとどうなる?」(帰結や結果を予測する)**

こうした問いかけで、子どもの思考のきっかけを作ってあげましょう。

また、子ども自身にもこうした問いかけができるように教えてあげましょう。

とはいっても、受験などで決まったカリキュラムを一定のペースでカバーしなくてはならない時、ついついじっくりと思考する時間を後回しにしてしまいがち。そうした教育環境では、子どもは受動的な学習姿勢に終始してしまいかねません。

できるだけゆっくりじっくりと考える時間を作ることで、子どもの考える力をサポートしてあげましょう。長期的にはよりよい結果につながります。

子どもが主体的に問いを立てて、自分の頭で考えていく心の習慣を辛抱強く見守る覚悟がサポートする側の私たちに不可欠なのです。

■TIPS5 いろんな学び方で学ばせる

さて、子どもが学習を通して身につけるのは、学んでいる科目に関する知識やスキルだけではありません。学びのプロセスの中で学び方も身につけています。

子どもが多様な学習方法に触れて、**いろいろな学び方を学べる環境をサポートすること**も子どもの才能を伸ばす重要なヒントです。

急激に変容していく社会。子どもたちはこれまでなかった課題やプロジェクトに出会い、新しい知識やスキルを素早く身につけることを期待されます。その時々の状況に応じて、自分に必要なものを効率よく学んでいく能力は、今後最も必要とされていくスキルの一つです。

さまざまな学び方を身につけておき、状況に合わせて学び方を選択できれば、目の前に与えられた課題に自分の才能を最大限に引き出すことができます。困難に行き詰まってしまった場合でも、やり方を変えてみたりして試行錯誤することで、柔軟な解決法にもつながるでしょう。

また、多様な学習方法を習得することの効果は、脳科学でも示されてきました。子どもにとって学習効果が高い特定の「学習スタイル」はなく、いろいろなやり方で学んだ方がよいということは、すでに序章でも紹介しました。

例えば、「2＋3＝5」というシンプルな数式の学び方にもいろいろなアプローチが存在します。

「2」「＋」「3」「＝」「5」などの記号的な理解。2つと3つのものが5つになることを表した図解での理解。

その他にも、2つのものと3つのものを手で動かしながら5つになることを確認したり、2つのものと3つのものが5つになることを声を出して数えて確認するなど、さまざまな理解の方法があります。

ここで、それぞれの違ったやり方をした時、異なる脳の領域が活性化されます。それらの違う脳の領域が「2＋3＝5」の理解において活性化されることで、それぞれの領域のつながりが強化され、学びが最適化されることが分かっているのです[41]。

また、数々の偉業を達成した人々の脳の特徴を分析した研究で、違う脳の領域同士のつながりが通常よりも強くなっていることが発見されました[42]。

そのため、多様な方法や視点から物事を学ぶことで、柔軟で創造的な考え方ができるようになるのです。


さらに、さまざまな学習方法に触れることで、子どもの学びにおける主体性をさらに引き出すことができます。

ある一つの方法が習慣化している時、子どもがそれを意識することは少ないかもしれません。

他の異なる方法を学ぶことは、自分の習慣に取り込まれている方法を意識的に見つめ直す機会につながります。

さまざまな方法を意識し、自分の学びの方法や環境を考えることは、学習に対する主体的な視点を養っていくことにも役立つのです。

子どもが学ぶ必要性を意識し、そうした目線から自分の学びに主体的に取り組んでいけるようにサポートしていきましょう。

学び方の学び方

それでは具体的にどのようなサポートを心がけたらよいのか？

まずは、子どもが現在の学び方を意識的に振り返ることのできる機会を作ることをお勧めします。

例えば、ノートの取り方、テキストの読み方、復習の仕方、テストの準備の仕方など、具体的な学び方のルーティーンを書き出させてみましょう。

そうすることで、子どもが自分の習慣を見つめ直すきっかけができます。

その上で、現在の学習方法に改善する点があればサポートしてあげましょう。子ども自身が改善する方法を考えられるようにアドバイスしたり、すでに世間で有効だといわれている方法を紹介してあげるのもいいでしょう。

この時具体的な改善案や方法を押し付けるのではなくて、あくまでアドバイスして、最終決定は子どもができるようにするのが理想です。

学習方法を振り返り改善を試行錯誤する中で、子どもに合った方法がなかなか見つからなかったり、改善がすぐには見られなかったりすることはしばしばあります。

一朝一夕にいくものではないと覚悟して、忍耐強く長期的な目線でサポートしましょう。子ども自身が実際に身をもって自分の学び方を確立していくことが大切なのです。

子どもが自分に適している学習方法を見つけてからも、より多くの学習方法に触れ、それらを習得していけるようにサポートしていきましょう。

好みの学習方法があるのは大切ですが、その方法だけに固執するのは危険です。将来、全く違った環境での学習が要求されるかもしれません。時間の制約や取り組むべき課題の変化で慣れ親しんだ方法を使えなくなる可能性もあります。

子どものやり方とは違うやり方を探しておいて、機会があるたびに他の可能なやり方としてアドバイスしてあげるといいでしょう。

学習がうまくいっている場合でも、さらに改善するきっかけになったり、引き出しを多くしておくことが良い結果につながることを子どもに伝えてあげましょう。

■TIPS6 「目標設定」と「自己評価」で効果的な学びをサポート

今試している学習方法の効果を判断するには、何らかの評価が必要です。「何となくこのやり方が好きだ」「効果が上がっているような気がする」「ちょっとやる気が出てきたふうに見える」などといった感覚も一つの手がかりですが、より明確な評価を目指したいところです。

そのためには、学習の目標設定が鍵となります。なぜなら目標の達成度を学習効果の物差しに使うことができるからです。

目標を物差しに自分の成果を小まめに評価するのは、学習方法や計画を調整したり、時には目標自体を変えたりするのに役立ちます。

目標設定と自己評価の習慣を身につけることが、学育的なきめ細かで柔軟な学ぶ姿勢につながります。

メリーランド大学ビジネススクール長、心理学者エドウィン・ロック教授は、目標設定で成果が上がることを科学的に根拠づけた、目標設定理論の先駆者です。ロック教授によると目標設定することの主要な効用は4つあります。[43]

- 集中力を高める
- やる気が上がる
- 忍耐強く、より長く物事に打ち込める
- 自分のスキルや知識の引き出しから、関連するものを見つけやすくなる

実際にこれまでの研究で、目標設定をした人は目標設定をしない人よりも大きな成果を上げられることが明らかにされてきました。

効果的な目標設定をサポートするテクニックはさまざまにあります。子どもが自分に合うものを見つけられるようにサポートしていきましょう。

ここでは、ハーバード・ビジネス・レビューの人気著者、マーク・エフロンの最新科学に基づいた目標の立て方のコツを紹介しておきます。[44]

その名を「SIM-ple」という目標設定法です。「S」「I」「M」の頭文字がそれぞれ、目標設定に意識すべき重要コンセプトになっており、3つの項目しかないので、文字通りシンプル（Simple）というわけです。以下が「SIM-ple」法の3つの項目です。

- **Specific。より明確で具体的な目標を立てましょう**
- **Important。自分の現実に即して重要な目標を立てましょう**
- **Measurable。数値化して評価できる目標を設定しましょう**

例えば、「いい結果を出す」というのは「SIM-ple」的な目標ではありません。抽象的で数値化もなし。そのため、現実的か重要かもピンときません。

一方で「来月の売り上げを今月から10％アップ」という目標は、より「SIM-ple」的です。求める結果が、数値や期限によって具体的に示されています。現実的か重要かは、文脈次第ですが、会社や部署での目標なら売り上げを上げることが重要なのは自然なことでしょう。

短期をベースに長期の目標にシフトする方法

この目標の立て方のコツを意識して、はじめは短期の目標を立てることから練習していくのがいいでしょう。短期ということに焦点を置くと、より具体的なイメージを持つことができ、「SIM-ple」のような枠組みに合った目標を立てやすくなります。

また、短期の目標だと、頻繁に学習の進度を評価できます。子ども自身が目標の達成度をセルフアセスメント（自己評価）する習慣をつけることが大切です。

短期目標とセルフアセスメントに慣れたら、より長期で高い目標を設定するトレーニングをサポートしましょう。

目標は高ければ高いほど成果が上がることが知られています[45]。実現可能でありながら、高い目標が設定できるようなアドバイスを心がけましょう。

また、長期的な目標には、それを達成するために日々やるべきことのプランニングが必須になります。

大きな目標に向かって、一歩一歩の短期目標を設定して、目標達成までの道筋をつけることで、目標自体がより有意義なものになるのです。

逆に大きな目標だけがあって、その日その日の具体的な行動につながらないようでは、目標自体が無意味になってしまいます。

1日の目標や、ここ数日間の目標など短期の期限で区切った目標を立てましょう。それらの短期目標を長期目標とともに書き出して、記録しておきます。

その上で、短期目標の期限ごとにセルフアセスメントをして、自分がどれだけ目標に向かって前進しているかを評価していきましょう。

短期の目標は達成できたのか。できたとしたら、どの程度長期の目標に近づいてきているのか。できなかったならば、何が問題だったのか。その問題の解決法にはどんなものがあるのか。

そういった点を、簡単なコメントでいいので、日記のように記録しておきましょう。後から振り返り、今後の目標設定を改善していくのに役立ちます。

目標設定とセルフアセスメントを習慣化することで、子どもは学びへの主体性を養っていくことができます。

また、短期目標とその評価によって、子どもの学習計画の進度を判断していくと、長期的目標とのずれが認識しやすくなります。そういった場合は、躊躇なく学習プランの立て直しやリスケジュールを考えていきましょう。

ここでも短期目標と自己評価の具体的な記録が、プランの立て直しに役立ちます。

無理な目標に固執せずに、フレキシブルに自分の目標を立て直したり、目的意識をアップデートできることは必要かつ大切なスキルです。

自分に変更不可能な目的意識や目標があると思っている人は、離職率が高いことが分かっています。自分の信じる目的や情熱を追い求めるがあまり、周りの環境や自分の置かれた現実に合わせにくくなってしまうのです。[46]

さて、目標設定とセルフアセスメントによって、子どもが主体的な学びの習慣を身につけていくことができるといっても、自分以外の第三者からの評価も必要です。

特に、いきなり自分で評価をしたり、目標を立てたりすることは難しいことなので、ある程度慣れてくるまでは、大人の方から評価や目標の設定の例を見せてあげるなど、長い目で子どもの習慣をサポートしていきましょう。

そうしたサポートをする時には、子どもの主体的な判断や決定を活かすように心がけ、自分の考え方を押し付けすぎないのが大切です。

以上、目標設定とセルフアセスメントの鉄則のまとめは以下のようになります。

1. 具体的、重要、数値化可能な「SIM-ple」の枠組みで3つの目標を立てる。
2. 短期目標とセルフアセスメントから始める。
3. 慣れてきたら、実現可能な範囲で、なるべく大きな目標を立てる。
4. 目標到達までの道のりを期限付きの短期目標で補う。
5. 期限ごとにセルフアセスメントの記録を取る。
6. 目標と達成度がずれてきたら、リスケジュールや目標の見直しをする。

■TIPS7 自分がロールモデルであることを忘れない

さて、子どもをサポートする時、子ども自身にフォーカスすることは当然ですが、時には私たち自身の在り方も振り返らなければいけません。

私たちは、意図しようとしまいと、子どもに一つのロールモデルを提示しているのです。教師であったり、保護者であったりすればなおさらです。

周辺でサポートしている私たちを見ながら、子どもは学び育っていきます。

私たち自身が子どもの学習環境の一部であり、私たちの考え方や生き方が子どもに大きな影響を与えます。

子どもに身につけてほしい習慣を自分自身で体現しましょう。そのために自分の改善が必要ならば、自分を変えなければいけません。

子どもの主体的な学びのロールモデルとして振る舞う努力を忘れてはいけません。

子どもたちは周りの行動を観察して真似することで学んでいきます。この点についてスタンフォード大学のアルバート・バンデューラ名誉教授の「ボボ人形」実験は非常に有名です。

大人がビニール製の「ボボ人形」に攻撃的な行動をとっているところを子どもが見ると、子どもも攻撃的な行動を取りがちになる。同様に、大人が優しく人形に接する姿を見ると、子どももそうした優しい行動を模倣しがちになる。

周りの大人の行動が子どもの行動に影響を及ぼすことを明確に示した「社会的学習理論」の古典となった実験です。

他にも、親切行動や差別行動なども、さまざまな行動が周りの大人たちから子どもたちに伝播《でんぱ》することが確認されてきました。[47]

そうした結果に示されてきたように、子どもが持つべき学習姿勢を養うために、私たちができるサポートは、そうなれと子どもにアドバイスすることだけではないのです。最短の近道の一つは、自分自身がそうなること。私たち大人が子どもに期待する習慣や姿勢を身をもって提示していくのが、子どもの才能を伸ばす学育には肝心です。

特に、枠組みや前提にとらわれず物事を柔軟に考える力は、どの分野においても必要とされる最重要スキルです。しかし、考え方の柔軟性を教えるといっても、四則演算を教えるようにはいきません。

本書で前述したスタンフォード大学・オンラインハイスクールの哲学ベースの必修はそうした視点によって考案されました。

しかし、そうしたカリキュラム以外にもできることがある。それは、私たち自身が子どもの「哲学的ロールモデル」となって、子どもの学習環境をサポートすることです。

哲学的ロールモデルに変わるためのレシピ

「哲学的ロールモデル」？

なんだか一歩引いてしまいますが、キーワードは3つ。探求、批判、立証です。

哲学的ロールモデルへの第一歩は、物事を知ろうと探求の姿勢を持つこと。

何か疑問をもったら、すぐに調べて、考えることを習慣づけましょう。あれってなんだっけ？　これはどうなんだろうね？　それってどんな意味？　そうした瞬間を大切にして、忙しいからといって後回しにせずに、調べ物を欠かさないようにしましょう。

毎回、正確な見解を得ることは難しいかもしれませんが、インターネットや辞書などである程度の情報を得て、それを話し合うことを習慣化しましょう。子どもも私たちのそうした実際の行動から学び、探求心が自然と身についていきます。

哲学的ロールモデルの第二要素は学んだことを批判的に考える姿勢です。

批判的に考えるというのは、物事を否定するということではありません。

該当する考え方や主張がどのような前提に立っているのか。それらと反対の立場はどのようなものか。自分はどちらの立場をどのような理由において主張したいのか。こうした疑問に沿って考えることが哲学的思考の基礎になります。

ちょっと抽象的なので、一つ例を取り上げてみましょう。「政府予算の科学技術費を削減するべきである」という主張を考えます。

まず、この主張の前提や根拠にはどのようなものがあるでしょうか。「政府の財政が困難である」「基礎研究の中には実利につながらないものが多い」などなど、さまざまなものが考えられるでしょう。

そうした前提や根拠をリストアップして、議論を吟味していきます。

「政府の財政が困難」でも、すぐに予算を削減するべきなのか。他に打つ手は？「基礎研究が実利に」つながるようにするにはどうしたらよいのか。

また、「科学技術費を削減すべき」という主張への反論を考えてみるのもいいでしょう。例えば、「科学技術者たちが職を失い日本の科学が衰退する」はどうでしょう。予算削減論者は、そうした反論にはどのように応えるか。

反対の立場から問いを立てて考えていくことで、批判的な思考を深められます。

第三の哲学的ロールモデルの要素は、自分の主張や考えを立証していく姿勢です。自分の考えを根拠なく単に述べ伝えるだけでは、他者との相互理解や、問題解決の機会を逸してしまいます。また、何かを自分自身で無批判に信じ込むことは、誤解や不都合につながりかねません。

自分の主張や考えの根拠は何なのか。反対意見にどのように応えられるのか。批判的思考は、自分の考えや主張を構築していく過程で必要であると同時に、すでにある自分の意見や主張を立証するためにも欠かせない思考プロセスです。

探求、批判、立証の精神を意識して、哲学ライフをエンジョイしていきましょう。機会の許す限り、私たち自身がそうした姿勢を見せて子どもと一緒に考えることで、哲学的ロールモデルとして、子どもをサポートしていきましょう。

■TIPS8　子どもは自分で育てず、社会の多様性に育ててもらう

子どもの才能を伸ばす学育の環境づくりをするための最後のヒントは、**子どもは一人**

で育てるわけではないことを認識することです。

子どもは誰か一人で育てるべきでも、育てられるわけでもありません。さらに、家族だけでも、はたまた、学校だけで育てるべきでも、育てられるわけでもないのです。私たち一人ひとり、家族、学校はもちろん、周辺地域、その他の共同体。子どもは、社会全体の中で学び育っていきます。

子どもの学び育ちを見守ることは、特定の人々に託されたものでも、独占されるべきものでもありません。

自分のできるサポートを十分にした上で、子どもが自分以外の人たちからもサポートしてもらえるように、多くの人に見守ってもらえるような環境づくりが肝心です。

例えば、自分のネットワークを生かして、友人のサークルや地域の活動など、幅広い年齢の人々と触れ合えるような機会を作りましょう。違う職業や考え方から刺激を受けたり、新しい考え方を学ぶことができます。

スポーツや習い事、また、塾なども子どもの学習環境を多様にします。違うクラスや違う学校、違う学区に住む子どもたちと触れ合う機会になるでしょう。

同年代でありながら、自分とは少し違った環境で暮らしてきた子どもたちと触れ合い、友人関係の中から、違う考え方を学んだり、共に学んでいくのは大切な経験です。

さらに、違う国や文化を学んだり、国籍、人種、文化の違う人々に会ったりする機会があれば、積極的に参加させてあげましょう。

ホームベースを心のセーフティーネットに!

また、子どもが触れ合う人々が多様であることに加えて、子どもが何らかの形で居心地をよく感じることのできる「ホームベース」が複数存在すると、なお理想的です。

子どものホームベースが多数あれば、子どもの触れ合う全てのグループをまとめた全体として多様な環境が作りやすくなります。

すでにあるグループにおいて、心の開ける友人を持ち、強い帰属意識を抱いているならば、子どもが新たなグループにも参加して、複数の共同体で多様な経験ができるようにサポートしてみましょう。

また、逆に、絶対に大切だというグループや共同体がなく、いくつかのホームベースを行き来しているということを、卑下する必要は全くありません。

私たち一人ひとりに多様な側面があり、違うグループで違う側面が発揮されているのはごく健全な共同体帰属の在り方です。

さらに、複数の共同体に所属して複数のホームベースを持つことは、子どもにとってのセーフティーネットの役割も果たしてくれます。

例えば、一つのグループでうまくいかない時でも、他のグループの友人に相談したり、アドバイスを得たり、心のよりどころを担保できます。

子どもがより多くの共同体に触れる機会を積極的にサポートしてあげましょう。

例えば、「このスポーツサークルに参加したい」と子どもが言った時、子どもの学習環境を多様化する素晴らしい機会と捉えましょう。

「宿題する時間がなくなるからダメ」とか「塾の月謝で、さらに出費は無理」などと返してはいけません。

最終的にどのような判断をするにしても、ホームベースの多様性の観点からも子どものリクエストを評価していきましょう。

また、子どもの学習進度や知的ニーズに合った同級生や仲間がいるような環境があることも確認しておきましょう。適切な「ピア」がいることが大切です。

それぞれの子どもが、学習進度や知的な深まりのレベルに応じて、それぞれのニーズや悩みを抱えています。

多様な視点からのサポートが有益な一方で、同じ目線で理解し合えるようなピアがいることも重要です。学校がダメなら、適切なレベルの学習塾などの場を探してみるのは伝統的な常套手段でしょう。

子どもの学習進度が同年代の子どもたちよりも極端に速い場合には、学年や年が上の子どものグループにピアが見つかるかもしれません。

さあ、学育の考え方に基づいた子どもの才能を伸ばす「天才の作り方」8つのTIPSが出そろいました。それぞれのTIPSは、これまで培われてきた教育学や最新科学の成果をもとにするものです。

それ故、現在世界中で注目を集める新たな教育トレンドにも裏付けられています。

さまざまな国や地域で、多様な教育トレンドが見受けられますが、今後も拡大が続くであろう大きなトレンドがいくつか存在します。

次章では、現在の世界の教育の大きなうねりの中で、何が起きているのか、世界の教育のメジャートレンドを徹底解剖してまいりましょう。

第5章

世界の教育メジャートレンド

外から笛の音が聞こえてくる。体育祭の組体操の練習だ。体育の伊藤先生は怖いから、いつもふざけがちなヤツらもピシッとやっている。

歴史は苦手だが、野中先生の授業は好きだ。とても分かりやすくて、たまに入る雑談が面白い。長い授業でも飽きさせない。今日は明治維新の続きだ。

隣の川上君は野中先生の授業が始まってちょうど20分で眠りに落ちる。何度か時計とにらめっこして測定してみたが、驚くほど正確だ。

それにしても、一般常識が必要なのは何となく分かるけれども、こんな100年以上前のことを学んでなんになるんだろう。年号とか覚えるのは必要なのか。理系の僕には、詰め込み教育はダメとかいう最近の教育の流れは相当ウェルカムだ。

しかし、隣の川上君はよく寝ている。確かに、学校の朝って早いよな。でも、授業中にこんなにリラックスして眠れるほどの度胸が僕にはない。川上君はきっと大物になる。

そういえば先週は笑った。テレビのすごさを思い知った。先週は野中先生がお休みで、NHKスペシャルの明治維新のビデオを見る自習の日だった。20分が経過しても川上君は食いつくようにテレビ画面を見て、最後まで居眠りしなかった。

よし、この6時間目の後は、部活だな。おっと、部室に行く前に、生徒会室に行って、体育祭の生徒会企画のビラをもらってこなきゃな。生徒会副会長も忙しいですよ。

****

私が少年時代を思い出して描いた授業中の回想シーンです。川崎市に生まれて、近所の公立の中学校に通っていた頃のことです。

この回想シーンの描く授業や学校シーンになんら珍しいことはありません。ごくありふれた学校や授業風景を私の目線で語っているだけです。誰しも想像しやすいエピソードがそこかしこにちりばめられています。

こうしたかつてありふれた学校の風景は今急速に変わりつつあります。

それはコロナ禍に始まったことではありません。近代型の産業社会から、情報化、グローバル化を経て、これまでの社会のニーズを支えてきた公教育の形は変革を余儀なくされてきたのです。

教育のミライはどこへ向かっているのでしょうか。

今後を見据えるのに、現在、世界の教育がどのように変わりつつあるのか、その方向性を探っていきましょう。

21世紀に入ってから現在までの教育界のメジャートレンドを厳選してお届けします！

■一人ひとりに合わせたオーダーメードの学び
——パーソナライズド・ラーニング

お客様一人ひとりの要望に合わせた、きめ細かな仕立て。体にも生活にもぴったりと合った着心地を実現します。


とあるオーダーメードスーツの店の宣伝コピーです。

丁寧に採寸して、体つきを見る。営業で歩き回る人、オフィス仕事の人。生活や仕事のニーズを理解して、デザインや生地を決める。職人がオーダーメードのスーツを丁寧に仕上げる。注文者にぴったりのスーツが出来上がる。

一方で、冒頭の授業風景をもう一度思い浮かべてみてください。

教室があって、その教室にクラスメートが何人もいて、教師が教壇に立って、授業を行う。クラスにいる複数の生徒が、同じ教科書を使って、同じ課題に取り組む。

こうした教育デザインには、教育機会の平等の考えが反映されています。

教育や学習は、人間と社会の礎であり、全ての子どもに平等でなくてはいけない。できるだけみんなが同じ横に並んだ教育をデザインせねばならない。

しかし、もちろん生徒はそれぞれに境遇も違い、能力もモチベーションも異なる。ある生徒にとって効果的な学習環境でも、他の生徒にとっては進度が速すぎて思うように学べないなどということはしばしば。

つまり、学習のニーズの異なる生徒たちに横並びの教育条件を当てはめるのは、かえって不公平な学習環境につながりかねないのです。

スーツのたとえでいえば、みんな体型も、好みも、活動のニーズも違うのに、レディーメードの既製品をみんな一緒に着せようとするイメージです。

この問題に真っ向から立ち向かうのが、パーソナライズド・ラーニングです。まさしく、一人ひとりの子どもの能力や進度に合わせた「オーダーメード」の学習環境を提供していくことに焦点を置かんとする教育のトレンドです。

この根本にある考え方自体は全く目新しいものではありません。

これまでの「平等」のクラス環境でも、個々の生徒のニーズに気を配り、それぞれの生徒に合った学習を可能な限り実現することが学校や教師の腕の見せどころでした。

公教育の現場から離れたところでも、家庭教師や個別指導塾など、一対一や少人数学習で、カリキュラムや学習進度を調整するやり方は、見慣れた学習モデルです。

しかし、そうした伝統的な個人最適化の方法はさまざまな限定要素を伴います。

例えば、大型クラスもへっちゃらな優秀な教師を見つけたり、少人数での学習環境を実現するにはそれに見合った予算が必要です。

公教育の限られたリソースで全ての生徒のために実現するのは困難でしょう。

また、一部でそうした個人最適化の環境を整えることができても、人間が可能にする学習の個人最適化には限界があります。

まず、1人の人間が気を配ることのできる生徒の人数には限りがあります。また、教師には得手不得手もあり、サポートしやすい生徒のニーズの範囲も違ってきます。

人間が実現可能な個人最適化の限界をテクノロジーで超える。公教育の経済的現実の範囲内で、ベストな学習の個人最適化を進める。

近年、そうしたミライ型のパーソナライズド・ラーニングは世界的にもメジャーな教育トレンドになってきました。

これまでの子どもたちの学習の記録がデータベース化されていて、ある一定の問題にどのように解答するかで、次に最適な問題をコンピューターが決定してくれます。

適切な指示やアドバイスなどを出せるような人工知能（ＡＩ）の学習補助プログラムなども登場し始めています。

子どもたちはそうしたパーソナライズド・ラーニングのツールを使いながら、自分の学習進度に最適化されたカリキュラムで学習を進めていくのです。

これまでの教育とのフュージョンが大事

もちろん、このようなパーソナライズド・ラーニングの環境だけで、教育が完結するわけではありません。あくまで、子どもたちのパーソナライズされた学習をサポートするための補助ツールでしかあり得ません。

例えば、現行のパーソナライズド・ラーニングのツールでは、それぞれに性格やバックグラウンドの異なる生徒の質問に答えたり、分からないところを教えたりする能力はまだまだ本物の教師には遠く及ばないのです。

適切なレベルの問題を選んだり、ある程度のアドバイスは出せても、まだまだ本物の教師のサポートが必要です。

さらに、今後技術の進歩で、より指導力の高いＡＩ教育ボットが登場したとしても、高度に個人最適化された学習環境は、コミュニケーションやコラボなど、他の子どもとの関わり合いの中で得られる学習の機会が乏しくなってしまいます。

もちろん、教師や他の生徒からの叱咤激励だって学習には重要です。周りからのインスピレーションが学習のモチベーションを維持してくれるのです。

こうした点において、公教育の伝統的なグループ学習の方法にも、もちろん、さまざまな利点があるということを忘れてはいけません。

パーソナライズド・ラーニングの新しいツールがもたらす利点と、伝統的な公教育の利点の最適な融合とは何か。

それぞれの教育機関、関連団体がさまざまな新しい実践、戦略を立て、次の時代の教育を模索しています。

学びは能動的に作り上げるもの――アクティブ・ラーニング

さて、冒頭の見慣れた授業風景に戻りましょう。

野中先生は雑談などで長い講義ベースの授業も飽きさせないでやってくれるということですが、そもそも、何が目的で長い講義ベースの授業をしているのでしょうか。

オーソドックスな答えの一つに「知識を伝えるため」というものがあります。

野中先生は歴史の教師で関連する知識を持っている。その知識を野中先生の飽きさせない講義で、生徒に伝える。野中先生が伝える側で、生徒は受け取る側。前章でも見た、教える側視点の「教育」の考え方です。そうした視点は、生徒を知識を伝え受ける「受け身」の存在として想定しています。

こうした視点に対して、学ぶことをもっと能動的な行為として捉える教育理論も提唱されてきました。例えば、アメリカの進歩主義教育（Progressive Education）の先駆者として名高いアメリカの哲学者ジョン・デューイの言葉が有名です。

> 学ぶとは、学習者が成し遂げる何かである。それは、能動的（active）で、学習者自身によって遂行される出来事である。[48]

また、モンテッソーリ教育法で有名なマリア・モンテッソーリもこんな言葉を残しています。

> 教育とは学習する人によって、自発的に成し遂げられる自然なプロセスです。話を

聞くことで得られるものではなく、周りの世界を体験することによって成し遂げられるのです。[49]

このように学習を能動的な行為として捉える考え方は「構成主義」の基礎になっています。構成主義とは、学ぶことを学習者が自分の理解を能動的に「構成」するものとして捉える教育理論です。

学ぶとは、私たちがそれまで身につけてきた知識やスキルを使って、自分の理解を「組み立てる」こと。本質的に能動的な行為である。

つまり、単に授業中に受け身に話を聞くだけでは、学びは起きないのです。そこから得た情報を自分のこれまでの知識やスキルに組み合わせて、新しい理解をしたり、これまでの理解をアップデートする能動的なプロセスが必要になってきます。

私が提唱している「学育」もこうした教育基礎論を背景にしています。

アクティブ・ラーニングは成績も上げる

このように学びを能動的なものとして捉え直して、学習する子どもたちがアクティブに学びに参加できるように取り組むのが「アクティブ・ラーニング」のトレンドです。

1990年代から再度注目を集め始め、現在ではアメリカなどを中心に世界的なムーブメントを起こしています。[50] 日本でもだいぶおなじみになった言葉かもしれません。スタンフォード大学・オンラインハイスクールの基本の指導法として紹介した「反転授業」もアクティブ・ラーニングの方法の一つです。講義は生徒たちの予習の一部で、授業の中心はグループワークやディスカッションなどの参加型の授業です。

その他にも、さまざまなアクティブ・ラーニングの方法が浸透してきました。例えば、授業中に出された問いを、まずは自分で考えて（think）、その後に他の生徒とペア（pair）になって、その考えをシェア（share）して話す。シンク・ペア・シェア（think-pair-share）は、最も有名なアクティブ・ラーニングの方法の一つです。

他にも、ジグソーやターン&トークなどなど調べてみるといろいろアクティブ・ラーニングの方法が見つかると思います。

もちろんこれまでの講義ベースの授業の中にも、生徒の参加を促す仕組みが数多く組み込まれてきました。

授業中の小テストやドリル演習なども、学んだことをすぐに実践して理解を身につけるための効果的な方法です。また、授業を止めて、生徒に考えさせて、質問する時間を設けるなどのやり方も伝統的です。

つまり、何か真新しい教育方法を導入しなければいけないということではなく、生徒の活発な参加を促すことに改めてフォーカスして、授業や学習環境を再調整することでアクティブ・ラーニングを促すこともできます。

さて、アクティブ・ラーニングは「構成主義」などの教育学の理論に基づいているだけでなく、その効果が盛んに研究されてきました。

アクティブ・ラーニングを使った授業の方が、講義ベースよりも、落第率が30％以上低くなる。アクティブ・ラーニングの要素が入った授業をすると、生徒の偏差値が5上がるなど。

こうした例を筆頭にさまざまな教育現場から多岐にわたる結果報告がされてきています[51]。

伝統的な教育の良いところを残しながらも、世界の教育は近代型の講義ベースの授業からシフトしつつあります。アクティブ・ラーニングがミライ型の教育の重要要素になることはまず間違いありません。

■教科書がなくなる日が来る——プロジェクト・ベースド・ラーニング

構成主義やアクティブ・ラーニングの基礎となる考え方を突き詰めた一つの形が、プロジェクト・ベースド・ラーニング（Project-Based Learning）です。頭文字を取って、「ＰＢＬ」と呼ばれたりもします。

その名の通りプロジェクトをベースに置いた学習方法のことです。

生徒は生活や社会に関連する具体的なプロジェクトを遂行していくことで学習を進めていきます。

環境問題を学ぶ時に、サステイナブルな食生活を目指して環境に優しい食事メニューを考案するプロジェクト。社会問題を学ぶ時に、関連する具体的な状況を幅広く知ってもらうためのドキュメンタリー映画を製作するプロジェクト。

このあたりは、しばしば見かけるＰＢＬの人気プロジェクトのお題です。与えられた題材に対して、生徒たち主導のプロジェクトを企画、遂行していくプロセスの中で、必要な知識やスキルを能動的に学んでいく。

まさに、物事に能動的に取り組むことによって学ぶという構成主義やアクティブ・ラーニングの考え方を追求した教育モデルです。


該当する知識やスキルに関する講義を受ける。練習問題や課題で得るべき知識やスキルを定着させる。そうして得られた知識やスキルを具体的な問題に応用する。

それが伝統的な授業の想定する順序ならば、ＰＢＬは正反対の発想に立っています。具体的な問題から始めて、それを解決していくのに必要な知識やスキルを身につけていくという順番です。

ＰＢＬでミライのスキルを手に入れる

これまで、ＰＢＬの様々な利点が指摘されてきました。

まず、子どもが自分の生活や社会との関連性を実感しながら学べること。実社会の問題に関するプロジェクトに必要な知識やスキルなら、冒頭の授業の回想シーンのような「なんでこれを勉強しなくちゃいけないの？」を避けることができます。

また、現実社会の問題の解決法は、しばしば多分野的な視点を必要とします。

先ほどのサステイナブルなメニューのプロジェクトには、それぞれの食材の取れる環境、食材のコスト、調理法、食文化など、理系も文系も含めた多様な視点が必要です。ドキュメンタリー映画の製作も同様でしょう。

国語、算数、理科、社会などと、科目で仕切られた枠組みの中で分断的に物事を見つめるのではなく、分野横断的な視点を養っていくことができます。

また、プロジェクトはしばしば、他の生徒などとのやりとりや協力を必要とします。プロジェクトチームの中で、それぞれの子どもたちがそれぞれの強みを持って、補い合いながら、解決に近づいていく。

その中から、リーダーシップやコミュニケーションなど、社会性に関する学びも得ていくことができるのです。

そして、もちろん、プロジェクトを企画、遂行する力自体も養うことができます。

リサーチをして、問題を立て、自分のプロジェクトを立ち上げ、それを遂行していく。その中で学びを得ながら、新しい解決方法を見つけていく。プロジェクトの企画、遂行力は、現代社会の中で、身につけるべきミライ型のスキルであることは間違いありません。

決められたことを、正確にこなすことを期待される時代はもう終わりました。主体的に自分の学びに向き合って学びながら解決法に向かっていく力をＰＢＬは身につけさせてくれるのです。

一方で、ＰＢＬは伝統的な講義ベースの授業方法と真逆の教育モデルを追求するだけに、応用する側の教師や学校は大変革を覚悟しなければなりません。

生徒のプロジェクトにアドバイスをしながら、プロジェクト遂行に必要な知識やスキルの学習機会を提供する。

黒板の前に立って講義をする従来のやり方とは全く異なるスキルが必要になります。

また、プロジェクトを遂行していくための時間やコストもかかるので、学校としては、全体のカリキュラムの中にどのように取り込んでいくか、難しい判断をせまられます。

しかし、教育テクノロジーの発展によって、そうした課題をクリアしていくためのリソースが以前よりも増え、PBLに関する知見も蓄積されてきました。世界中の教育現場で有効なPBLの活用法が模索され続けています。

■学習法の科学的正解が明らかに——学びの科学

さて、私は「学育」のコンセプトを説明する際、しばしば医学との対比を使います。結局のところ、医学でさえ人間の治癒力をサポートすることしかできない。同様に、教育も子どもが学ぶプロセスをサポートすることしかできない。「ベストの教え方」でなく、子どもの自然な学ぶ力をベストサポートする「学育」の視点を持つべき。

一方で、医学と教育は別物。大きな違いの一つは、「特効薬」の有無です。

例えば、身近にある解熱剤。例外はあるにせよ数多くの場合で、解熱作用を発揮する。医学の歴史は、そうした「特効薬」をさまざまに生み出してきました。

一方で、教育では、解熱剤ほど確実な「特効薬」が生まれてきたとはいえないでしょう。

この背景には教育方法や教材の評価に特有の難しさがあるといえます。

一般に、何かの方法を評価する時、その方法の目的を理解しなければなりません。希望の大学に入れるように模試テストの点数を上げる。社会に出て優秀な業績を上げるためのスキルを身につける。生涯学習の精神をもち知的に充足した人生を送る。善かれあしかれ、この他にも多くの教育の目的が想定できます。

そうした目的の中には、互いに矛盾し合うものも存在します。また、「生涯学習の精神を持つ」などの抽象的な目的に対して、教育方法を評価するのは至難の業です。

さらに、目的の多様性に加えて、子どもたちのこれまでの学習進度、やる気、目標なども非常に多様であり、また、刻一刻と変化していきます。

「模試テストの点数を上げる」という目的を設定しても、生徒が現在の点数に至った理由はさまざまでしょう。

もちろん医学であっても、「高熱」一つとってもさまざまな原因があり、それぞれの個人の健康状態もさまざまですが、多くの場合で解熱につながるような因子が発見され、基礎研究によって裏付けられてきたのです。

一方、教育学の世界では、医学のような物質や細胞レベルでの基礎研究の発展が見られず、教育法や学習教材の平均的な効果の測定に終始してきた歴史があります。

平均的な効果が確認されたとしても、そのようなメカニズムで、学習効果が上がっているかなどを、脳や人間の体のレベルで解明することができなかったのです。

しかし、近年「学びの科学（Science of Learning）」でその「歴史」に終止符が打たれようとしています。

「学びの科学」は、最先端の認知科学や脳科学を駆使して、人間の学びの仕組みを解明する研究分野です。

学習とはどのような脳の働きなのか。どういった要因が学びに影響するのか。どのような学習方法が最適なのか。

これらの問いに関する研究が大きな成果を上げ、教育学の分野にも活発に取り入れられるようになってきました。

まさに、学習に関する「基礎研究」となりつつあります。

例えば、有名な学びの科学の成果に、学校の始業時間に関するものがあります。学校の始業時間は朝の早くに設定されています。通常8時から9時くらいでしょう。そうした時間帯の学習効率がよくないことが、学びの科学で明らかになりました。[52] そのため、アメリカなどでは、最も効率的な学校スケジュールは何かという議論が盛んに行われてきました。学校の開始時間を早くしすぎないような法律を採択した州まであります。

学びの科学のスゴイ結果リスト

この他にも数多くの発見や成果が注目されてきました。本書ですでに紹介してきた点をまとめると以下のようなリストになります。

- 感情と学習の深い関係：感情の能力を高めると成績が上がる。ソーシャル・エモーショナル学習の成果
- 学習スタイルはない：「視覚から学びやすい」「読むと学びやすい」などの「個人の学習スタイル」というコンセプトは脳科学的根拠がない
- いろいろな仕方で学ぶのが良い：特定の学び方よりも、いろいろな学び方をした方が

脳の違う箇所が活性化され学習効果が高まる

- 記憶の呼び起こしが効果的：学んだことを思い出すエクササイズは、単なる復習や読み返しより断然効果的。テストは学びのツールとして効果的に使うべき
- 間違いが大切：間違っている時に脳は活性化している。間違えを怖がらず、学習の機会として捉える。子どもにもそのことを教える
- 社会脳：他の人とやりとりすると脳の実行機能の発達が活性化。他の人たちと一緒に学んだり、他の人たちが関連するような学び方をするのが学習効果大

しかし、現在、学びの科学の成果は必ずしも実際の教育現場に直結していません。科学の基礎研究が実際の応用に至るまでに長い年月がかかるように、学びの科学の成果を最適の形で教育現場に浸透させるには時間がかかります。

最近では、基礎研究をより早く実用に応用するための「トランスレーション」の必要性が学びの科学に関しても認識されつつあります。

一方で、学びの科学はそれ自体興味深く、メジャーなトレンドでもあるだけに、その

成果に、思慮浅く飛びついてしまいがち。予期せぬ結果を教育にもたらしかねません。

学びの科学のさらなる発展を見守りつつも、慎重かつ積極的にその成果を教育に取り込んでいくという姿勢が大切です。

■手のひらサイズの教室――EdTechとオンライン教育

コロナ禍の世界でトレンドにさらなる拍車がかかっているのが、「EdTech（エドテック）」（Education［教育］とTechnology［テクノロジー］を組み合わせた造語）と称される教育テクノロジーの分野とその一翼を担うオンライン教育です。

２０２０年の前半には、世界中で16億人の生徒と教師が学校封鎖の影響を受け、多くの学校はリモート学習を余儀なくされました[53]。

例えば、アメリカでも、一時は全ての大学でオンラインの授業に切り替わり、初等中等教育においても、オンライン学習などが導入されました。２０２０年後半現在、少しずつ対面授業を再開する動きが見られますが、ペースはまだまだスローです。

一方で、EdTechの爆発的な拡大はコロナショックに始まったものではありません。それ以前から、すでに世界の教育のメジャートレンドになっていました。

2019年には世界のEdTech市場規模は20兆円に。成長速度は世界全体の経済成長の5倍。2026年までには50兆円のマーケットになると予測されていました。[54]

アメリカ、中国、インドやヨーロッパでは、EdTechのベンチャー投資も拡大。評価額が1000億円以上のユニコーン企業がいくつも誕生してきました。

教育現場でも、アメリカの大学生の3人に1人がオンライン授業を取っていたり、[55]初中等教育でも50％以上の教師がEdTechの何らかのツールを毎日授業で使っていたという報告もでてきています。[56]

コロナショックはそうした流れをよりいっそう加速したのです。

私がスタンフォード大学・オンラインハイスクールに関わり始めた頃からは、アメリカを中心にオンライン教育が爆発的に拡大し、一つのピークを迎えていた頃でした。

1990年代頃からフェニックス大学などを皮切りに高等教育においてさまざまなオンラインのプログラムが設立され、オンラインでの学位や単位の取得が可能になりました。

2000年代に入るとMassive Open Online Course（MOOC）が登場し、世界中の大学が、誰でもどこでも無料でアクセスできるMOOCに躍起になって参入しました。

マサチューセッツ工科大学（MIT）とハーバード大学からエデックス（edX）。スタンフォード大学からコーセラ（Coursera）やユダシティ（Udacity）。今では大変有名なMOOCのプラットフォームが立ち上げられたのがその時期です。

また、Appleなども iTunes Uから、大学の講義の音声や動画を無料で配信するサービスを始めていました。

テクノロジーが変えた学校の風景

そうしたオンライン教育の発展は、EdTech全体の盛り上がりを象徴していました。オンライン教育などの先端教育以外の伝統的な教育現場でも、さまざまな教育テクノロジーが導入されていきました。

パソコンはもちろんのこと、タブレット端末やそれを通して提供される教育ソフトウエアやコンピューター教材がどんどん開発されました。教室のホワイトボードやモニターも、タッチパネルに置き換わるところが出てきました。

有名企業もEdTech産業に参入しはじめ、数々のスタートアップ企業が立ち上がりました。

教育現場にも変化の波が押し寄せます。まず、急速に情報管理システムが導入されていきます。子どもや家族の登録情報や、成績、その他学校管理上必要な全てのデータを、クラウド上で管理する方向でソフトの開発、発展が進んでいます。

それと同時に、授業の教材の提供や、宿題やテストの提出、返却など子どもたちの学習の現場でも、情報管理システムが幅広く導入されていきました。「Learning Management System」の頭文字を取って、ＬＭＳと通称されています。

さらに、教育向けのアプリやデジタルコンテンツ産業も爆発的に成長し続け、学校教育に活発に取り込まれてきました。

人工知能やバーチャルリアリティなど、最先端のテクノロジーの教育への応用も盛んで、スタンフォード大学のあるシリコンバレーでも有名IT企業がしのぎを削っています。

近年のEdTechの盛り上がりと、コロナショックがもたらしたさらなる加速。手のひらサイズのタブレット端末で行われるオンライン授業さえもなじみの風景の一部になりました。

社会のニーズに応える形で、先端テクノロジーの教育への応用は今後も大きな期待を集めていくことでしょう。

■教育は自分でデザインするものに ――ディストリビューテッド・ラーニング

さて、EdTechやオンライン教育の広がりを可能にしたのは、教材のデジタル化や教室の「タブレット化」だけではありません。

インターネットが人やものをつなげ、教材や講義のデジタル化が可能になった。そのことで、教育のために教師、生徒、教材が一つの場所に同時にある必要がなくなる。いわば、教育や学習が分散（distributed）可能となったのです。この特徴を利用した教育や学習の形を「ディストリビューティッド・ラーニング（Distributed Learning）」、「分散型学習」と呼びます。

仕事の後にオンラインプログラムを履修してＭＢＡが取れる。日本にいながら無料でスタンフォードの教授の録画講義を聴ける。英会話やプログラミング、習い事の類もオンラインで、さらに手軽になってきた。

他にもさまざまな分散型学習の機会を目にすることが増えてきました。

こうした変化の中で、学校だけで総合的な教育機会が期待されるような時代は終わりを告げようとしています。

確かに、これまでも、子どもたちが放課後や週末に通う学校外の活動は存在しました。習い事や塾、クラブ活動など、さまざまな形で子どもたちの成長がサポートされてきたのです。

とはいえ、「全て」といかないまでも、学校は総合的に子どもの学習ニーズをサポートする場所であり、学校外の活動は、あくまで補助的なものとして位置付けられてきたのです。

しかし、学習の分散化によって、子どもたちは学校を含めた複数の学習の選択肢から、自分の環境やニーズに合わせた自分だけの学習プログラムを作り上げることができるようになりつつあります。

あれはこっちのオンラインプログラム、これはこっちの学習塾。本書でも取り上げてきた「Design Your Learning」型の学習が実現しつつあります。

好きなアーティストのCDアルバムを買うのでなく、曲単位で手に入れて、自分のプレーリストを作る。

学校を選ぶのでなく、自分のための学習機会を選んで自分だけの教育をデザインしていく。そんな時代が訪れようとしています。

教育がディスラプトされてはいけない理由

さて、こうした分散型学習のトレンドは、社会の変化のスピードと人々のニーズの多様化に合わせて、起こるべくして起こったもので、EdTechの発展のついでに、偶然盛り上がった流れではありません。

技術革新とグローバライゼーションの中で、急速に社会が変容し、必要とされるスキルや能力も目まぐるしく多様化する。子どもたちが必要なスキルを身につけていけるような機会をどうやって作っていけるのか。

これは、現代の公教育の抱える大きな課題となってきました。

なぜなら、公教育を含めた伝統的な教育の枠組みは社会の「インフラ」の一部であり、現在の技術革新の急激な変化に対応できるスピード感を期待できないからです。

また、そうしたスピードを期待すべきでもありません。公教育が社会の基礎の一部であるが故、これはダメだったから次はこっちといった具合に、ガラガラと激変させることはすべきでないのです。

つまり、公教育にはイノベーションによる急激な変化やディスラプションは似つかわしくないのです。

そうした公教育の事情とは対照的に、教育テクノロジー産業や公教育外の教育プログラムは、より柔軟に変化することができます。

中心となる教育インフラを補完する形で、分散型学習の機会が今後もますます増えていくことでしょう。

こうした現在の教育トレンドの中で、教育のミライはどのような方向を向いて進化していくのでしょうか。

いよいよ次章では、教育のミライ地図を展開していくことにしましょう。「教育のミライ」いよいよクライマックスといきましょう！

第6章

教育のミライ

2015年のこと。アショック・ゲール教授らがジョージア工科大学で人工知能（AI）の授業で、生徒たちに言いました。「今日から新しいティーチング・アシスタント（TA）がクラスをサポートしてくれます。名前はジル・ワトソンさん」

ところが、ゲール教授らは大事な点を伝えないでいました。ジル・ワトソン、彼女自身も、人工知能だったのです。

しかし、生徒たちは、自分たちのオンラインでの質問に返ってくる答えが、血の通ったTAから来るものでないと疑いだしたのは、その学期が始まってだいぶたってからのことでした。

その後、ジル・ワトソンは学部や大学院、オンラインや対面、生物から工学、コンピューターサイエンスなど、幅広い分野の17コースのアシストをしました。ジョージア工科大学は高等教育での人工知能の可能性を模索しています。[57]

教育テクノロジーの先端ニュースを集めたオンラインメディア、その名もまさしく

『EdTech』の記事からの抜粋です。

これは、次世代の子どもたちのなじみの風景となっていくのでしょうか？

それとも、他にも例外が少なくないように、最新テクノロジーに関する一時の過大な期待「オーバーハイプ」を誘発しているだけなのでしょうか。


教育のミライは？

本書の締めくくりに、現在の教育とそのメジャートレンドの行き着く先の教育のミライ地図を読者の皆さんと模索していきたいと思います。

■トレンドのすぐ先にある学校のミライ

まずは世界的な潮流として、ここまで紹介してきた教育トレンドは今後もますます加速していくことが予想されます。

横並びの現代型の公教育を改める個人最適化「パーソナライズド・ラーニング」。積極的な参加で効果的な学習を促す「アクティブ・ラーニング」に、主体的な学びでミライ型のスキル習得の機会を生み出す「プロジェクト・ベースド・ラーニング」。

こうしたメジャートレンドは、これまでの教育の根本的な問題への解決策として注目されてきました。

先端科学で学びの基礎研究をする「学びの科学」、現代のテクノロジーを教育に応用する「EdTech」、テクノロジーが可能にした「分散型学習」とそれに伴う教育の変容。

これらのメジャートレンドは、科学とテクノロジーの発展と、社会のニーズの変化の方向性が、結びついたベクトルの上にあります。

つまり、本書で紹介してきた全てのメジャートレンドは、一過性の現象やトレンドではなく、現代から未来に向けての必然的で長期的な方向性なのです。

現在の教育トレンドがもたらす教室の風景は以下のような変化をもたらすでしょう。

パーソナライズド・ラーニング：それぞれの生徒が違う教科書や教材を使用。生徒は自分に合ったペースとカリキュラムで学習。同じ学年の生徒でも学ぶことが全然違う。個人学習と他の生徒とのコラボ学習の時間が混在する。

アクティブ・ラーニング：先生の講義時間が少ない。活発なクラスでのやりとり。居眠りの生徒が減る。宿題ドリルが減る。予習が増えて、授業の前に教科書を読んだり、録音された講義を見るのが当たり前。（反転授業）

プロジェクト・ベースド・ラーニング：自分で調べる機会が増える。現実社会と学びの関連性が見えやすくなる。他の生徒とのコラボの機会が増える。子どもの興味や学ぶ主体性が尊重される。プロジェクトでの評価が増え、テストが減る。

学びの科学：学校の始まる時間が遅くなる。同じことでも複数の学び方で学ぶ。ソーシャル・エモーショナル学習の機会が増える。学びの科学の授業が導入される。「学び方」学課ができて、学び方を指導するスタッフが在中する。

EdTech：黒板はスマートボード。生徒の机にスマートボードやコンピューター。紙の教科書やノートが激減。生徒の活動や学習が細かく記録されて、データ分析による指導の拡大。学校の事務員が減る。

学習の分散化：学校で勉強する時間が短くなる。家からオンライン授業でクラスに参加できる。登校する日を選べる。他の学校の生徒や教師とオンラインのやりとりが増える。学校で学ぶ科目が減る。クラブやコミュニティー活動の時間が増える。

■学校の多様化――校舎なし、週の半分休み、多国籍キャンパス

今後各学校で、こうした教育トレンドのもたらす変化に適切な対応をとることが課題になってきます。

そうした変化の速度や度合いは、学校の置かれた状況によって大きな差異が見られるでしょう。

例えば、各地域や社会でエリートを育成してきたようなごく一握りのトップ校はその形をあまり変えないで存続していきます。

カリキュラムやテクノロジー環境が現在のメジャートレンドの方向に向いていくにし

ても、学校全体のプログラムに大きな変化はないでしょう。

すでに先端の優良な学習機会が提供されているので、新しいトレンドを取り入れて学習機会を改善する幅が他の学校よりも狭いはずです。

また、特別支援学校など特定のニーズに専門化した学校や教育機関も、包括的なサポート体制や教師の役割を大きくは変えずに存続していかなくてはなりません。

一方で、そうした一部の学校以外では、これまで見てきたような教育トレンドのもたらす大きな変化が急速に起こるでしょう。

オンライン教育と学習の分散化は、学校のさらなる多様化をもたらすことになります。より多彩で、生徒のニーズに合った学習機会が提供されることになるでしょう。

良い学習機会があれば、オンラインでアクセスすることが可能になるので、わざわざ他の学校と同じような学習機会を作る必要が減ります。

それ故、学校や地域ごとに固有の色を出していくチャンスが高まると同時に、特色がない学校は淘汰の対象になります。オンラインでアクセスできるなら、同じような学校はいくつも要らないのです。

そうした流れの一環として、各学校や教育機関は他のプログラムとの提携を進めて、分散型学習の利点を生かしていくようになります。

また、一つの学校であるにもかかわらず、違う地域や違う国に複数キャンパスが置かれる学校も増えていきます。それぞれのキャンパスがオンラインでつながれて、違う地域や国にいても同じ学校コミュニティーとして活動することができます。

同様に、学校に行っても行かなくても、授業にアクセスできるようになるので、いつ学校に足を運ぶかを自分で決められるようになるかもしれません。

完全オンラインの学校と完全対面の校舎のある学校の2択ではなく、半分オンラインで半分対面などのように、オンラインと対面を必要に応じてミックスすることができるので、さまざまな学校の形が登場してくるでしょう。

また、学習の分散化によって、これまで学校が担ってきた子どもの包括的な育成の役割は、学校以外の教育プログラムや教育機関により広く分散されていくことになります。

塾は塾、習い事は習い事、学校は学校という垣根が取り払われて、生徒の総合的な学習のプランニングのサポートの必要性が増すのです。

そうした動きの中で、分散化した学習の機会を総合的にアドバイスして、その子に合った教育を組み立てる「Design Your Learning」のサポートの役割が学校にも期待されてくることになります。

意外な学校コミュニティーの再活性化論

先進各国で地域のコミュニティーが以前の機能を失いつつある中、学習の分散化が進むと生徒は学校に頼らなくてよくなるので、余計にコミュニティーのハブとしての学校の機能が弱まり、地域コミュニティーの崩壊が加速するのではないか。

そういった視点も自然なので、学習の分散化でコミュニティーが再注目されるというと意外に聞こえるかもしれません。

しかし、私は個人的な期待を込めて、次のように考えます。

学習の分散化で、個人最適化された学習を複数の学校やオンラインの安価な学習機会から得られるので、学校で勉強をする必要性が減る。

しかし、オンラインの授業では社会性や感情を養う体験をする機会が少ない。生徒が社会の中で暮らしていくことを体験する機会を再創出しなくてはいけない。

そこで、学校が生徒同士のコミュニケーションやコラボレーション、課外活動などをサポートする必要性が増してくる。また、地域コミュニティーでの社会体験の機会が再認識される。

学校は地域のリソースのハブとして、地域のコミュニティーを改めてつなぎ直す機能が注目されて、学校の役割が再定義されていく。

学習の分散化のこうした逆説的な効果に是非とも期待したいところです。

■先生のコーチング力が問われ、ギグワークが当たり前に

学校の社会的な役割が変化するのに伴い、教師の役割にも変化が現れます。

まず、特定の科目を全般的に教えることよりも、それぞれの子どもが個人化された学習を進めていく中で、質問に答えたり、学習方法のアドバイスや学習目標や方針の指導などの役割へのシフトが続きます。

同時に、教師に必要とされるスキルや能力として、学校科目を教えられることよりも、メンターやカウンセラーとしての資質と、学習目標や進路をサポートするスキルが重要視されてくるでしょう。

いわば、知識やスキルを伝播する「教授」的な役割のイメージから、進路や学習計画などのアドバイスの「コーチング」の役割がより大きく期待されていきます。

一方で、学習の分散化によって、教員への仕事の機会が増えます。

学校以外でもオンラインなどで手軽に教えることができるようになります。また、そうした機会や需要が増えてきます。

社会全体が学習の分散化の流れの中にあるため、そうした副業「ギグワーク」を許さない学校は淘汰されてしまいます。

学校外での教育機会が増えるので、教師が学校外で教えられなければ、学校外での教育マーケットでの需要が高まり、給料が上がるので、教師たちが学校外に出ていくようになってしまうからです。

そのため、徐々に学校側もギグワークに開いていかざるを得なくなるでしょう。

また逆に、教えることがギグ化するので、フルタイムの教員以外が学校で教える機会が増えてきます。

普段は会社員、昼休みは高校生にオンラインでコーチング、なんていう光景も増えてくるでしょう。

■子どもの主体性がますます問われる

ここまで論じてきたような教育の変化と同時に、子どもと学習の関わり方も積極的に見直されていくでしょう。

学習の個人最適化と分散化が進むにつれて、子ども自身が学びの主体として、より積極的に自らの学習をデザインしていくことが求められていきます。

生徒にとって、「Design Your Learning」が可能になると、今度は、「Design Your Learning」ができることを期待されるようになってくるのです。

自分の目標は何か。それに合わせた学習目標や学習計画はどうなってくるのか。自分の学習を進めていくためには、どのようなプログラムがあり、アクセス可能か。自分に合った学習方法はどのようなものなのか。

生徒一人ひとりに選択肢が増え自由度が広がる分、自分のことをよく理解することができ、しっかりとした学習プランと目標を持てるような学習への主体性が期待されるようになります。

学校にさえ入ってしまえば、あとは決まったレールの上を進んでいく。行く先々で、路線の切り替えや、分かれ道の選択があることはあるが、すでに敷設されているレールの上を走っていくことに変わりはない。それでも皆が行き着く先々の駅が栄えている。そうした時代はすでに昔のものとなってしまいました。

これからは、より能動的で、主体的な学びが必要とされます。心の底から湧き出てくるやる気や興味、自己の力がより期待される世界に向かっています。

しかし、積極的な主体として目標を決めて、学びを進めていくことは容易なことではありません。

学ぶことは人間の本性といっても、子どもは自らの学びの主体性を発見し、それをさらに養っていくプロセスを通過していかなければなりません。

そのため、私たちの視点は、子どもを教え育てる「教育」ではなく、生徒が学びの主体として学び育っていくことをサポートしていくということに焦点を置いた「学育」にシフトしていかなくてはなりません。

急激な教育の変化の中で、子どもをサポートする私たちも変化していかなければならないのです。

■人工知能はどこまで教育を変えるのか？

さて次に、先端のテクノロジーと教育がどのような融合を見せていくかについて考えてみましょう。

この章の冒頭でも、人工知能（ＡＩ）の教育現場での応用を紹介しました。ＡＩが教師やティーチング・アシスタント（ＴＡ）に代わって、生徒の学習のサポートをする。

教育のミライにおいて、そうしたAIの応用が今よりも広がり、教師やTAの果たしてきた役割のいくつかはAIがやるようになるのは間違いないでしょう。

また、パーソナライズド・ラーニングのための個人最適化はAIによってさらなる可能性が広がります。子どもそれぞれに合った学習教材やカリキュラムをより効率的に選ぶことができるようになるでしょう。

しかし、教師やTAがAIに完全に置き換えられることはないでしょう。人間関係の中で生徒のニーズをきめ細かに判断してサポートしたり、生徒のグループをリードして活発なグループ活動を誘導するような役割は生身の人間によって続けられていかねばなりません。

現在のAIはそうしたレベルに達しておらず、教師やTAの役割を全て置き換える未来が可能だったとしても、相当先のことになることでしょう。

そしてそれは、AIが完全に人間を置き換えることができる世界が実現するまで起こらないのではないかと思っています。

AIの利用がより広く急速に進んでいくのは、教室の中よりも、教室の外だと思います。学校の事務手続きや、その他の生徒のサポートではＡＩの使用が大幅に進んでいくことでしょう。

事務仕事の多くがＡＩ化していくのは、紙文化が根強く残る教育の世界にとっても例外ではありません。

また、入試や生徒の学習成果の管理なども、データ化されていき、学校の意思決定にＡＩなどを使ったデータ分析の技術が利用されていくでしょう。

さらに、生徒の生活指導や保護者とのコミュニケーションなどでも、ＡＩの導入が進んでいくでしょう。

アメリカの大学では、すでにチャットボットを使用して、生徒や保護者のコミュニケーションのサポートなどが行われています。

「今日の気分はどう？」「この書類提出した？」というチャットボットの問いかけが、スマホに送られてきます。

生徒が「ちょっとストレスが溜まってる」「え、そんなの提出するの？　どこで見つけられる？」などと答えると、チャットボットが、ストレスマネジメントのエクササイズや、書類のリンクを送ってくるのです。

VRで本当にくるEdTechのミライ

また、「ｘＲ」（「エックス・リアリティー」もしくは「エキステンディッド・リアリー」）などと総称される、仮想現実（ＶＲ）や拡張現実（ＡＲ）などの技術も教育に応用されてくるでしょう。

比較的安価なＶＲやＡＲのデバイスが増え始めて、アメリカの教育現場では、すでにさまざまな応用が模索されています。

他の人の見ている視線を体験して、その人の気持ちになる。本書でも紹介したソーシャル・エモーショナル学習などのｘＲの応用効果は活発に研究されています。[58]

また、簡単には行けない場所にバーチャル観光して、疑似体験をしてみたり、過去やミクロの世界など、現実には行けない世界を体験することで、学習効果につなげようとする試みもあります。

現状では、ＶＲ映像の製作費用が高いので、良い教材がまだまだ豊富にあるとは言えませんが、今後ｘＲの技術が進み、より安価な製作が可能になるでしょう。

現在、xRの教育への応用は、過剰な期待がされていたオーバーハイプ期を少し越えて、より現実的な応用を着実に見つめていこうという時期に入っていると感じています。

■ハーバードがハリウッド化？「エンタメ化」の進む大学教育

さて、VRなどの技術はゲームや映画などにも応用されて、私たちの身近な生活にも浸透してきましたが、そうした娯楽の分野で培われてきた技術がこれまでにも増して教育に取り込まれていくでしょう。

ユネスコの報告によると、現在世界中で大学に在籍する生徒の数は、2億人で、それが2030年までには4億人以上になるとのことです。そしてその多くがオンラインでの受講によるものになると予測されています[59]。

オンライン教育のマーケットでは、学生数の急激な増加に伴い大学レベルでの競争が激化していきます。

その中で、注目されているのが、教育の「ハリウッド化」現象です。

オンライン教育での競争が激化し、投資が増えると、教育プログラム以外の部分でも差をつけようと、各教育機関が切磋琢磨を始めます。

これまで割とシンプルな設備を用いて行われがちだった、オンライン講義やビデオレクチャーも、ＣＧが使われたり、有名人が出演するなど、映像としてのプロダクションバリューを高める方向に進んでいくと考えられています。

こうしたトレンドをキャッチーに称して、「ハーバードのハリウッド化（Hollywood Meets Harvard）」などというコピーを見かけるほどです。[60]

教育の「ハリウッド化」の流れの中で、生徒がどこにいても見たい授業が受けられるような学習の分散化が進んでいくと、教育や学習が「ネットフリックス化」していく未来もそう遠くないでしょう。

見たい映画を見つけて見たい時に見るように、見たい講義を見つけて、見たい時に見たい場所で見るようになるのです。

また、それまでの講義受講履歴に応じて、次見るべき講義が選択されるなんていうのもすでにあるテクノロジーで実現可能です。

ゲームと学習がタッグを組む日

それから、ゲームの教育との融合も見逃してはいけません。

子どもだけでなく大人にも人気なテレビゲーム。さまざまな調査がありますが、平均して1日に数時間ゲームをしている子どもたちが多いようです。

すると年間1000時間程度、小中高の間で、1万時間以上はゲームをしていることになります。これは、子どもが高校卒業までに学校で過ごす時間の総計と同等です。

それぐらい楽しく、病みつきになる。実際に子どもがそれだけやっている。その時間の少しでも、学習に費やされたら。

現代を生きる保護者の切なる悩みですが、そうした観点から、教育にゲームのノウハウを生かそうという「ゲーミフィケーション」がさまざまな場所で試みられてきました。

教育にゲーム性を取り入れようという考え方は、新しい考え方ではありません。

学校の日々の授業の中には子どもが楽しく学べるような仕掛けがいくつもちりばめら

れています。

私が小学生の頃には漢字の練習を10行やると「漢字券」というのがもらえて、その券で給食のおかわりをする権利や忘れ物をしても罰を受けなくていい権利などがもらえていました。

そんなちょっとしたゲーム感覚の楽しみが、クラス空間に組み込まれていた。おかげで、私の漢字練習帳はすぐに真っ黒になりました。


近年のオンライン教育やEdTechの発展で、教育とテクノロジーが融合することで、学習や教育のゲーム化「ゲーミフィケーション」が新しいレベルで発展してきました。

グラフィックやゲームソフトを駆使して、子どもたちがゲームを楽しむのと同然に学習をするようなソフトがさまざまに開発されるようになりました。

子育て中の読者の方にも、タブレットやスマートフォンの端末用のアプリなどでおなじみのものも多いのではないでしょうか。

こうした教育とゲームの融合の流れはさらに進んで、学校や教育全体のミライの風景の中にはっきりとした形で入り込んでくることでしょう。

■会社の中で学位が取れる生涯学習のミライ

さて、ここまで子どもや学校に焦点を置いてきましたが、ここからさらに広い視点で教育のミライを考えていきましょう。

まさに、人間は学び続ける生き物。学ぶことは人間の本性の一つです。それ故に「生涯学習」は社会にとって大切なテーマの一つです。

特に近年、生涯学習はこれまでの目的の焦点を変えながらも、新たな社会的ニーズとして再注目されつつあります。

仕事や生活に追われるだけでなく、知識や教養を身につけ、有意義な人生を生きていこう。そのために、退職後に大学で学び直したり、地域の習い事教室に通う。

こんなところが、生涯教育のスタンダードなイメージだったのではないでしょうか。

実際、日本の改正教育基本法第３条でも、生涯学習の目的は以下のように定義づけられています。

国民一人一人が、自己の人格を磨き、豊かな人生を送ることができるよう、その生涯にわたって、あらゆる機会に、あらゆる場所において学習することができ、その成果を適切に生かすことのできる社会の実現が図られなければならない。

大正論で大賛成なのですが、一方で、ちょっと理念的すぎるように聞こえてしまうのも自然だと思います。

こうした「理念型」の目的から進化して、近年、生涯学習は現代社会を生き抜くために必要不可欠なものとして再解釈されてきています。

現代を生きる私たちは、常に新しいスキルを身につけたり、新しい価値観に順応することを期待されています。

大学を卒業して、いい会社に入れば、終身いい生活が送れる。そんなイメージはもはや神話と化してしまいました。

若者たちは今日ない職業に向けてトレーニング。社会人だって明日には今日とは違う仕事に取り組む可能性と隣り合わせ。

ハイスピードな現代社会では、変わり続ける状況に合わせて、常にスキルや知識をアップデートしていくことが求められています。

つまり、生き抜くために生涯学び続けることが必要な時代なのです。


即戦力の人材を求める一方で、企業内に入ってからもスキルアップができるように、会社の中でのトレーニングの充実や、働きながら学位取得などができる環境づくりが進んでいます。

例えば、アメリカではスターバックスとアリゾナ州立大学の取り組みが有名です。

アリゾナ州立大学は2016~2020年の5年連続で、アメリカで最もイノベーティブな大学として位置付けられるなど、非常に評価が高い大学です[61]。

スターバックスに就職すると、同大学のオンライン授業を受けながら、4年制の大学の学位を取得できます。企業の社員育成の一環なので、もちろん無料です！

働きながら、学位をとってスキルを上げてキャリアアップできる。

優秀な人材を求めながらも、入社した人材を優秀な人材に育てていくことが少子化や人材不足に悩む社会やマーケットで逼迫した課題となっています。

■マイクロ化する学歴の行く末

ここまで話してきたような教育のミライは、社会における学歴の意味やあり方を大きく変容させていくでしょう。

そうした兆しは近年見られる学位のマイクロ化にすでに現れ始めています。

伝統的に、学位は、確立された学術分野において長期間のトレーニングをした成果として授与されるものです。大学ならば通常4年の勉強や研究が必要です。最近はそうした学位の分野や期間を小さく設定して、短期間で必要なだけの情報やスキルを集中的に取得できるプログラムが数多く見られます。

ナノ学位（Nanodegree）やマイクロ修士（MicroMasters）と呼ばれ、オンライン等で数カ月で集中的に特定の分野のトレーニングを受けて、修了の証書や資格が授与される仕組みです。

学位の短期化に加えて、学校での教育期間の短期化も見られます。

多くのアメリカの大学でも、通常数カ月に及ぶ学期（Semester）を短くして、ミニ学期（Minimesters）を設けることによって、より柔軟でスピーディーな知識やスキルの習得ができるように大学制度を改変した例が見られます。

さらに単位や成績も科目ごとにつけるのではなくて、スキルに応じて評価をしていくマイクロ修了証（Micro-credentials）やバッジ（Badges）なども学校やその他の教育機関で流行になっています。

社会人が短期のプレゼンテーションのコースを受講。大学生がオンラインコースのプログラミングの単元を学習。

そうした形で、よりコンパクトな知識や技能を習得するためにデザインされた教材やトレーニング向けに使用されています。

前述のように、社会で必要とされる専門的な知識やスキルがどんどん入れ替わるため短期間で専門的なスキルを身につけられるような仕組みが登場してきたのです。

デジタル化された修了証はキャリア資格として、入試や就職採用の際などに、大学や会社などでの評価の対象として使われるようになってきました。

しかし、大学や企業の側で、デジタル証書の信頼性が問題になってきました。XXXのオンライントレーニングで、YYYのスキルを習得したというが、このマイクロ修了証は本物なのか。

多様に存在するプログラムにいちいちスキルに関して確認をとるのは現実的ではありません。

そうした問題に応えるためにブロックチェーンを使って、改ざん不可能な形でデジタルのマイクロ修了証をやりとりするシステムが開発されてきました。

マサチューセッツ工科大学（MIT）などの「Blockcert」などが注目を集めてきています。

ブロックチェーン技術といえば、ビットコインが有名ですが、お金ではなく自分のスキルや資格を改ざん不可能な形で、大学や企業とやりとりできるように応用されてきたのです。

■オンライン教育が黒板並みに当たり前になる時

さて、最後に私の本職、オンライン教育のミライで締めくくりとしましょう。

まず、オンライン教育がこれまでの伝統的な教育の形に、完全に取って代わることはありません。対面式の授業やその他伝統的な教育法の多くが教育のミライ地図の一部であり続けるでしょう。

一方で、オンライン教育は、以前のような教育の例外的存在ではなく、ごく当たり前の教育の風景の中に融合していきます。どの教室にも黒板やホワイトボードがあるように、オンライン教育も自然な授業風景の一部になり、全ての子どもや教師になじみ深いものになっていくのです。

オンライン教育か、伝統的な対面教育か。そうした二項対立図式はすでに終わりました。

オンラインと対面がさまざまな形や割合で融合して、多様なハイブリッドな学習機会が生み出されていくことでしょう。

その中で、これまでになかったような速度で淘汰が進んでいきます。

コロナ禍で、世界中で多くの学校がオンライン学習に移行しました。これまで存続してきた質の低いオンライン教育のプログラムや教材は、白日の下にさらされ、すでに淘汰が始まっています。

また、伝統的な教育の方法も見直されるようになり、好ましからぬ慣習や教材が、新たな教育の形に置き換えられてきています。

オンライン教育という新しい教育の形が、伝統的教育と融合していく。そのプロセスで、それぞれのやり方が見直され、淘汰が加速されていく。

新旧のやり方が有機的な化学反応を起こして、教育のミライを作り上げていくのです。

しかし、私たちは、そうした自然な淘汰の傍観者であってはいけません。

急激な淘汰が起きて良いものが残っていく。これまでの問題が解決する。コストも低くクオリティーの高いハイブリッドな教育の形が淘汰を勝ち抜いていくだろう。そうすれば、教育へのアクセスも広がり、世界中でこれまで見られたような、教育格差がなくなり、社会的格差も是正されていく。

自然な淘汰に任せていては、そんなことは絶対に起きません。

オンライン教育自体はいかなる問題の解決策でもないのです。

現に、教育のアクセスを広げると考えられた、オンライン教育はこれまで教育格差を是正することはありませんでした。それどころか、コロナ禍で明らかになったのは、オンライン教育が格差をさらに広げてしまうということでした。

高速インターネットがなければ授業を受けられない。小さい子どものオンライン授業は、つきっきりになれる大人が必要。特別支援のオンライン授業やサポートは皆無。

オンライン教育をやみくもに導入しても、もともとある社会のひずみは増幅するだけだということはすでにはっきりしています。


他のテクノロジー同様、ツールとしてのポテンシャルは非常に高くても、それ自体がすでにある問題のソリューションではない。

そのことを胸に留めて、私たちは、ツールとしてのオンライン教育を用いて、現在ある問題を解決する方法を積極的に模索し続けなければなりません。

あとがき

本書を読んでいただきありがとうございます。ミライの教育風景はいかがでしたか？

序章は、これまでの教育の常識を先端科学で一刀両断。ほめる。丁寧に教える。反復練習や1人での学習も。当たり前の習慣も見直さなければいけません。

第1章から、スタンフォード大学・オンラインハイスクールにフォーカス。学校よりも学校らしくあるために、ごく自然な学校の定番でも、必要ならば取っ払う。「Design Your Learning」の精神を実現するための取り組みを紹介しました。

第2章は、定番を見直した上で、どのようなオンライン学校を作ったのか。オンラインでの「反転授業」。オンラインコミュニティーの作り方。大学受験のサポートの秘密まで。スタンフォード大学・オンラインハイスクールの骨格を一挙公開しました。

第3章では、さらにカリキュラムを徹底解剖。中心となるリベラルアーツや哲学、さらに社会を「生き抜く力」や「ウェルネス」のプログラムも紹介しました。

第4章は、子どもの才能の伸ばし方のヒントをリストアップ。私の提唱する「学育」の視点をもとに、最新の「学びの科学」に基づいたＴＩＰＳをご提案しました。

第5章は、現在の世界の教育のメジャートレンドを俯瞰《ふかん》しました。パーソナライズド・ラーニング、アクティブ・ラーニング、プロジェクト・ベースド・ラーニング、学びの科学、EdTechに分散型学習。教育の最先端を解説しました。

第6章は、現在の先端教育が行き着く先の教育のミライに迫りました。教育、教師、生徒の役割の変化。テクノロジー化の拡大。教育が向かうミライの風景を予測しました。

社会が変わり、テクノロジーがさらなる発展を遂げる。

人生や生活のニーズ、価値観、世界観がアップデートされる。

教育も決して例外ではありません。世界の変化の方向のベクトルに合わせて、変わっていかなければなりません。

一方で、教育には、そのベクトルの方向を変化させる力もあるのです。

世界の進化の方向に合わせながらも、主体的にその向くべき方向を、私たち一人ひとりが意識して、教育のミライを作り上げていかなくてはいけません。

ひろと、あやと、はなえに捧ぐ

2020年12月。すっかり冷え込んだスタンフォードより

星　友啓

参考文献

1 Carol S. Dweck, "Caution--Praise Can Be Dangerous," *American Educator*, 23(1): 4-9, 1999.

2 Elizabeth Bonawitz *et al*., "The double-edged sword of pedagogy: Instruction limits spontaneous exploration and discovery," *Cognition*, 120(3):322-330, 2011.

3 Massachusetts Institute of Technology. "Don't show, don't tell? Direct instruction can thwart independent exploration." *ScienceDaily*, 2011. <https://www.sciencedaily.com/releases/2011/06/110630112857.htm>

4 Paul A. Howard-Jones, "Neuroscience and education: myths and messages," *Nature Reviews Neuroscience*, 15(12):817-824, 2014.

5 Harold Pashler, Mark McDaniel, Doug Rohrer, and Robert Bjork, "Learning Styles: Concepts and Evidence," *Psychological Science in the Public Interest*, 9(3):105-119, 2008.

6 Polly R Husmann and Valerie Dean O'Loughlin, "Another Nail in the Coffin for Learning Styles? Disparities among Undergraduate Anatomy Students' Study Strategies, Class Performance, and Reported VARK Learning Styles," *Anatomical Sciences Education*, 12(1):6-19, 2019.

7 Jay McTighe and Judy Willis, *Upgrade Your Teaching: Understanding by Design Meets Neuroscience*, Alexandria: ASCD, 2019.

8 Susanne Vogel and Lars Schwabe, "Learning and memory under stress: implications for the classroom," *npj Science of Learning*, 1(16011), 2016. <https://doi.org/10.1038/npjscilearn.2016.11>

9 <https://www.ted.com/talks/kelly_mcgonigal_how_to_make_stress_your_friend?language=en>

10 Abiola Keller *et al*., "Does the Perception that Stress Affects Health Matter? The Association with Health and Mortality," *Health Psychology*, 31(5): 677-684, 2012.

11 Jeremy P. Jamieson, Wendy Berry Mendes, and Matthew K. Nock, "Improving Acute Stress Responses: The Power of Reappraisal," *Current Directions in Psychological Science*, 22(1):51-56, 2013.

12 Jeremy P. Jamieson, Wendy Berry Mendes, Erin Blackstock, and Toni Schmader, "Turning the knots in your stomach into bows: Reappraising arousal improves performance on the GRE," *Journal of Experimental Social Psychology*, 46(1):208-212, 2010.

13 Sean F. Reardon, "The widening academic achievement gap between the rich and the poor: New evidence and possible explanations," In Greg J. Duncan and Richard J. Murnane (eds.), *Whither Opportunity*. Russell Sage Foundation: New York, 2011. pp. 91-116.

14 Henry L. Roediger III and Andrew C. Butler, "The critical role of retrieval practice in long-term retention," *Trends in Cognitive Sciences*, 15(1):20-27, 2011.

15 Jeffrey D. Karpicke and Janell R. Blunt, "Retrieval Practice Produces More Learning than Elaborative Studying with Concept Mapping," *Science*, 331(6018):772-775, 2011.

16 Cynthia J. Brame and Rachel Biel, "Test-enhanced learning: Using retrieval practice to help students learn" Center for Teaching at Vanderbilt University. <https://cft.vanderbilt.edu/guides-sub-pages/test-enhanced-learning-using-retrieval-practice-to-help-students-learn/#six>

17 Norman Doidge, *The Brain That Changes Itself: Stories of Personal Triumph from the Frontiers of Brain Science*, Penguin Books: New York, 2007.

18 Jo Boaler, *Limitless Mind: Learn, Lead, and Live Without Barriers*, HarperCollins Publishers: New York, 2019.

19 Jean Decety, Philip L. Jackson, Jessica A. Sommerville, Thierry Chaminade, and Andrew N. Meltzoff, "The neural bases of cooperation and competition: an fMRI investigation," *Neuroimage*, 23(2): 744-751, 2004.

20 OECD, *PISA 2015 Results (Volume V): Collaborative Problem Solving*, PISA, OECD Publishing:Paris, 2017.
<https://doi.org/10.1787/9789264285521-en.>

21 David L. Hamilton, Laurence B. Katz, and Von O. Leirer, "Cognitive representations of personality impressions: organizational processes in first impression formation," *Journal of Personality and Social Psychology*, 39(6):1050–1063, 1980.

22 John A. Bargh and Yaacov Schul, "On the cognitive benefits of teaching," *Journal of Educational Psychology*, 72(5): 593-604, 1980.

23 Cynthia A. Rohrbeck, Marika D. Ginsburg-Block, John W. Fantuzzo, Traci R. Miller, "Peer-assisted learning interventions with elementary school students: a meta-analytic review," *Journal of Educational Psychology*, 95(2):240-257, 2003.

24 EdScoop 記事。"With abysmal completion rates, colleges move to improve approach to MOOCs"
<https://edscoop.com/massive-open-online-courses-move-to-improve-completion-rates/>

25 EdWeek 記事 "Many Online Charter Schools Fail to Graduate Even Half of Their Students on Time"
<https://www.edweek.org/ew/articles/2019/04/18/many-online-charter-schools-fail-to-graduate.html>

26 EdWeek 記事。"6 Reasons Students Aren't Showing Up for Virtual Learning"
<https://blogs.edweek.org/edweek/finding_common_ground/2020/04/6_reasons_students_arent_showing_up_for_virtual_learning.html>

27 米国初等中等教育法（Elementary and Secondary Education Act）の Title IX, Part A, Definition 22 より、著者意訳。

28 <https://interdisciplinary.stanford.edu/>

29 National Wellness Institute の以下の記事より。
<https://nationalwellness.org/resources/six-dimensions-of-wellness/#:~:text=The%20National%20Wellness%20Institute%20promotes,social%2C%20intellectual%2C%20and%20spiritual.>

30 Greg Lukianoff and Jonathan Haidt, *The Coddling of the American Mind: How Good Intentions and Bad Ideas Are Setting Up a Generation for Failure*, Penguin Books: New York, 2018.

31 以下 CASEL の SEL の枠組みは CASEL の以下のウェブサイトより。
<https://casel.org/what-is-sel/>

32 <https://www.digitallearningcollab.com/blog/yes-we-can-do-sel-online-a-case-study-from-stanford-online-high-school>

33 Jo Boaler, *Limitless Mind: Learn, Lead, and Live Without Barriers*, HarperCollins Publishers: New York, 2019.

34 Carol Dweck, *Mindset: The New Psychology of Success*, Ballantine Books: New York, 2006.

35 David S Yeager, *et al.*, "A national experiment reveals where a growth mindset improves achievement," *Nature*, 573:364-369, 2019.

36 Aneeta Rattan, Catherine Good, and Carol S. Dweck " "It's ok— Not everyone can be good at math" : Instructors with an entity theory comfort (and demotivate) students," *Journal of Experimental Social Psychology*, 48(3):731-737, 2012.

37 Claude Steele and Joshua Aronson, "Stereotype threat and the intellectual test performance of African Americans," *Journal of Personality and Social Psychology*, 69(5):797-811, 1995.

38 Steven Spencer, Claude Steele, and Diane Quinn, "Stereotype Threat and Women's Math Performance," *Journal of Experimental Social Psychology*, 35(1):4-28, 1999.

39 Jason S. Moser, Hans S. Schroder, Carrie Heeter, Tim P. Moran, and Yu-Hao Lee, "Mind Your Errors: Evidence for a Neural Mechanism Linking Growth Mind-set to Adaptive Posterror Adjustments," *Psychological Science*, 22(12): 1484-1489, 2011.

40 星友啓著『スタンフォード式生き抜く力』（ダイヤモンド社、2020年）

41 Jo Boaler, *Limitless Mind: Learn, Lead, and Live Without Barriers*, HarperCollins Publishers: New York, 2019.

42 Claudia Kalb, "What Makes a genius?" *National Geographic*, May 2017.

43 Edwin Locke and Gary Latham, "Building a Practically Useful Theory of Goal Setting and Task Motivation," *American Psychologist*, 57(9):705-717, 2002.

44 Marc Effron, *8 Steps to High Performance: Focus On What You Can Change*, Harvard Business Review Press: Boston, 2018.

45 Edwin Locke and Gary Latham, "Building a Practically Useful Theory of Goal Setting and Task Motivation," *American Psychologist*, 57(9):705-717, 2002.

46 Patricia Chen, Phoebe C. Ellsworth, and Norbert Schwarz, "Finding a Fit or Developing It: Implicit Theories About Achieving Passion for Work," *Personality and Social Psychology Bulletin*, 41(10): 1411-1424,2015.

47 Allison L. Skinner, Andrew N. Meltzoff, and Kristina R. Olson" "Catching" Social Bias: Exposure to Biased Nonverbal Signals Creates Social Biases in Preschool Children" *Psychological Science*, 28(2):216-224, 2017.

48 John Dewey, *Democracy and Education: An Introduction to the Philosophy of Education*, Macmillan: New York, 1916.

49 Maria Montessori, *Education for a New World*, Kalakshetra: Adyar, 1948.

50 下記が古典。Charles C. Bonwell and James A. Eison, "Active Learning : Creating Excitement in the Classroom," ASHE-ERIC Higher Education Report, Washington DC: School of Education and Human Development, George Washington University, 1991.

51 Scott Freeman, et al., "Active learning increases student performance in science, engineering, and mathematics," *PNAS*, 111(23):8410-8415, 2014.

52 M. D. R. Evans, Paul Kelley and Jonathan Kelley, "Identifying the Best Times for Cognitive Functioning Using New Methods: Matching University Times to Undergraduate Chronotypes," *Frontiers in Human Neuroscience*. 11:188. doi: 10.3389/fnhum.2017.00188

53 下記のユネスコウェブサイトより。
<https://en.unesco.org/covid19/educationresponse>

54 Michael Moe and Vignesh Rajendran, "Dawn of the Age of Digital Learning"
<https://medium.com/gsv-ventures/dawn-of-the-age-of-digital-learning-4c4e38784226>

55 Inside Higher Ed 記事 "Online Education Ascends"
<https://www.insidehighered.com/digital-learning/article/2018/11/07/new-data-online-enrollments-grow-and-share-overall-enrollment>

56 以下 NewSchools と Gallup による以下の調査レポートより
<https://www.newschools.org/wp-content/uploads/2020/03/NewSchools-Gallup-Report.pdf>

57 EdTech 記事 "Improving Online Learning and More with Artificial Intelligence"
<https://edtechmagazine.com/higher/article/2020/08/improving-online-learning-and-more-artificial-intelligence>

58 EdSurge 記事 "How VR Is Being Used to Teach SEL"
<https://www.edsurge.com/news/2018-05-29-how-ar-and-vr-are-being-used-to-teach-sel>

59 ユネスコ報告 "Online, open and flexible higher education for the future we want. From statements to action: equity, access and quality learning outcomes."
<https://iite.unesco.org/files/news/639206/Paris%20Message%2013%2007%202015%20Final.pdf>

60 Michael Moe and Vignesh Rajendram, "Dawn of the Age of Digital Learning"
<https://medium.com/gsv-ventures/dawn-of-the-age-of-digital-learning-4c4e38784226>

61 U.S. News 記事 "Most Innovative Schools"
<https://www.usnews.com/best-colleges/rankings/national-universities/innovative>

著者略歴

星 友啓（ほし・ともひろ）

スタンフォード大学・オンラインハイスクール校長/哲学博士/EdTechコンサルタント
1977年東京生まれ。東京大学文学部思想文化学科哲学専修課程卒業。その後渡米し、Texas A&M大学哲学修士、スタンフォード大学哲学博士を修了。同大学哲学部の講師として教鞭をとりながらオンラインハイスクールのスタートアップに参加。2016年より校長に就任。
現職の傍ら、哲学、論理学、リーダーシップの講義活動や、米国、アジアにむけて教育及び教育関連テクノロジー（EdTech）のコンサルティングにも取り組む。全米や世界各地で教育に関する講演を多数行う。著書に『スタンフォード式生き抜く力』（ダイヤモンド社）がある。

【著者公式サイト】（最新情報やブログを配信中）
http://tomohirohoshi.com

SB新書 528

スタンフォードが中高生《ちゅうこうせい》に教《おし》えていること

2020年12月15日　初版第1刷発行
2023年12月31日　初版第7刷発行

著　者　星《ほし》 友啓《ともひろ》

発行者　小川 淳

発行所　SBクリエイティブ株式会社
〒106-0032　東京都港区六本木2-4-5
電話：03-5549-1201（営業部）

装　幀　長坂勇司（nagasaka design）
本文デザイン　松好 那名（matt's work）
D T P　株式会社RUHIA
編集担当　水早 將
印刷・製本　大日本印刷株式会社

本書をお読みになったご意見・ご感想を下記URL、
または左記QRコードよりお寄せください。

https://isbn2.sbcr.jp/07180/

落丁本、乱丁本は小社営業部にてお取り替えいたします。定価はカバーに記載されております。本書の内容に関するご質問等は、小社学芸書籍編集部まで必ず書面にてご連絡いただきますようお願いいたします。

ISBN 978-4-8156-0718-0